그 순간 그 문장이 떠올랐다

그 순간 그 문장이 떠올랐다
−명언으로 꿰뚫는 삶의 50가지 풍경

2019년 7월 26일 초판 1쇄

지은이 강준만

편 집 김희중
디자인 design THE≋WAVE
제 작 영신사

펴낸이 장의덕
펴낸곳 도서출판 개마고원
등 록 1989년 9월 4일 제2-877호
주 소 경기도 고양시 일산동구 호수로 662 삼성라끄빌 1018호
전 화 031-907-1012, 1018
팩 스 031-907-1044
이메일 webmaster@kaema.co.kr

ISBN 978-89-5769-459-6 03190
ⓒ 강준만, 2019. Printed in Goyang.

그 순간

그 문장이

떠올랐다

명언으로 꿰뚫는 삶의 50가지 풍경

강준만 지음

개마고원

'니체의 꿈'을 위하여

우리는 사람들이 제법 모인 장소에선 아름답고 정의로운 말을 하길 좋아한다. 날로 각박해지는 세상 인심이 화두로 등장하면 어김없이 '공감'의 필요성을 역설하곤 한다. 그 말에 누가 감히 이의를 제기할 수 있겠는가? 그러나 좀더 의미 있거나 생산적인 논의를 하고자 한다면 이런 명언을 떠올려보는 게 좋겠다. "공감 능력이 없어서가 아니라 오히려 공감 능력이 있기 때문에 비인간적인 일들이 일어난다." 우리는 공감이라고 하면 좋은 쪽으로만 생각하지만, 그 반대의 경우도 생각해봐야 한다. 집단적으로 비인간적인 일을 하는 사람들도 그들 사이에선 공감이 흘러넘치기 때문에 그런 일을 할 수 있다는 걸 말이다.

위선에 대해 좋게 말하는 사람은 없다. 특히 유명인사의 사회적 스캔들이 일어났을 때 대중은 스캔들 자체보다는 그 사람이 그간 저질러온 위선에 더욱 분노한다. 인터넷이나 SNS엔 위선을 비난하고 저주하는 목소리가 가득하다. 모두가 다 위선 없는 세상에서 살고 싶어하는 것 같다. 그런 열망에 지지를 보내더라도 최소한의 균형 감각은 갖고자 한다면, 이 명언을 상기해보는 건 어떨까? "위선은 악덕이 미덕에 바치는 공물貢物이다." 이는 위선이 그 어떤 문제에도 불구하고 사회적으로 미덕이 악덕에 비해 우월하다는 점을 끊임없이 확인함으로써 미덕의 유지와 확산에 도움을 준다는 뜻이다. 이게 실감이 나지 않는다면, 모든 사람들이 위선僞善보다는 위악僞惡으로 기우는 세상을 그려보시라. 더 끔찍하지 않은가?

어떤 집단이 어떤 문제에 대한 불만을 터뜨리면서 격렬한 시위에 나선다. 더 이상 견딜 수 없는 최악의 상황에 이르렀기에 그간 쌓인 불만이 폭발한 걸까? 그렇게 생각하면 사태를 오판할 수 있다. 이런 명언을 음미해볼 필요가 있다. "불만은 비참함이 견딜 만할 때, 상황이 개선되어 어떤 이상적인 상태에 도달할 수 있을 것처럼 느꺼지는 시점에 최고조에 이른다." 포기나 체념 상태에선 폭발이 일어나지 않는 법이다. 희망과 성공의 가능성이 있다고 판단할 때에 행동의 의지가 생겨나는 법이다.

이 세 가지 사례는 내가 명언을 좋아하는 이유다. 나는 제법 복잡하고 어려운 문제에 대한 인문사회과학적 통찰을 단 한 문장으로 깔끔하게 제시해주는 힘을 좋아한다. 나만 그럴까? 그 힘을 만끽하고 싶어하는 건 모든 글쟁이들의 꿈이 아닐까? 독일 철학자 니체는 "남들이 한 권의 책으로 말할 것을 열 문장으로 말하는 것이 내 꿈이다"고 했다. 너무 야무진 꿈이지만, 그의 문장들이 명언으로 적잖이 인용되는 걸 보면 어느 정도의 성공은 거둔 것으로 봐줘도 무방하겠다. 우리도 니체의 그런 꿈을 누려보자.

누굴 흉내내려는 건 아니었지만, 나는 오래전부터 '명언 인용으로만 만들어진 책'을 쓰고 싶었다. 여기서 누구는 독일 철학자 발터 벤야민이다. 미국 정치학자 한나 아렌트가 지적했듯이, "벤야민은 천부적인 문장가였지만 그의 최대의 야심은 전부가 인용문으로 이뤄진 글을 써보는 것이었다."[1] 벤야민에게 인용문의 병치拉置는 몽타주 효과를 내기 위한 것이었다. 역사의 구성원리 자체가 몽타주임에도 불구하고, 매끄럽고 연속적인 이야기로 쓰여지는 기존 역사 서술이 현실을 정당화하는 기능을 수행한다는 이유에서였다.[2] 나는 그렇게까지 거창한 뜻은 없다. 나의 목표는 오랜 강의 경험에서 비롯된 것으로 매우 소박하고 실용적이다.

누구나 인정하겠지만, 요즘 학생들은 책을 읽지 않는다. 예전엔 수업 시간에 중요한 책이다 싶어 "이 책 읽은 분 손들어보세요?"라고 묻곤 했지만, 이젠 더 이상 묻지 않는다. 지난 30년간의 경험에 비춰봤을 때 손을 드는 학생들의 수가 계속 하강 곡선을 그리더니 급기야 거의 제로 상태에 이른 게 확실해졌기 때문이다. 서로 민망해할 필요가 뭐 있겠는가. 다른 대학의 교수들에게도 물어봤더니, 모두 다 비슷한 이야길 한다.

나는 한때 그런 풍조를 개탄했지만, 이젠 지식의 형식과 습득 방식이 바뀐 문명사적 변화로 이해한다. 적응은 내 몫이라는 쪽으로 생각을 바꾸었다. 강의와 관련해 학생들이 읽어야 할 책들이건만 읽지 않는 것에 어떻게 대응할 것인가? 니체가 의도한 건 아니었겠지만, 그는 사실상 해법을 제시했다. 한 권의 책으로 말할 것을 열 문장으로 말해주면 된다. 욕심을 더 내자면, 그마저 한 문장으로 압축하는 것도 시도해봐야 한다.

실제로 나는 강의를 할 때에 복잡한 이론도 실감 나는 문장 하나를 제시함으로써 학생들의 이해를 쉽게 만들 수 있다는 걸 깨달았다. 예컨대 언론의 정파성과 관련해 여러 이론들이 있지만, 누군가 말한 "편향성은 이익이 되는 장사다"는 문장 하나로 이야기를 쉽게 풀어갈 수 있다. 디지털 혁명은 언론이 편향성이 없는 것처럼 보여야 장사가 잘 되던 시절에 종지부를 찍고, 편향성을 노골적으로 드러냄으로써 그 편향성을 사랑하는 열성 '집토끼'들을 수익 기반으로 삼게 만든 것이다. 듣고 보면 쉽지만, "편향성은 이익이 되는 장사다"는 문장 하나를 만들어내는 게 결코 쉬운 일은 아니다.

삶의 수많은 풍경을 지나면서 순간 떠오르는 문장 하나로 모든 게 이해가 되고 위로가 되기도 한다. 평소 이기주의와 탐욕의 화신인 것처럼 굴던 이웃사람이 자기 아내를 끔찍하게 아끼는 장면을 본 적이 있는가? "사랑은 자본주의 안에 있는 공산주의이다." 어떤 사회적 논란이 벌어졌을 때 사람들이 양편으로 갈려 아예 소통은 거부하겠다는 듯 자신의 신념과 주장만 공격적으로 내세우면서 욕설과 모욕마저 불사하는 걸 본 적이 있는가? "확신은 잔인한 사고방식이다." 어느 서비스 업소에서 종업원에게 거칠게 화를 내는 사람에게 이 말을 선물해주고 싶진 않은가? "분노는 방어능력이 없는 이들을 향해 분출된다."

이미 감을 잡으셨겠지만, 이 책에서 말하는 명언은 일반적으로 통용되는, 시詩 같은 느낌을 주는 명언들과는 좀 다르다. 나는 거칠고 속된 말이라도 '간결, 단순, 압축'의 속성을 갖고 있으면서 세상과 사람의 이해에 도움이 되는 말은 모두 명언으로 간주한다. "제발 나잇값 좀 하지 마라"거나 "돈은 준엄하다. 삶을 포기한 자가 아니면 어떻게 돈 무서운 줄 모르냐"라는 말조차 내가 꼽는 최고 수준의 명언들이다. 나는 대중가요의 가사나 인터넷 댓글에서도 명언을 찾아내곤 한다.

해설을 곁들인 좋은 명언집이 이미 많이 나와 있음에도 굳이 이 책을 내게 된 이유도 그런 차별성이 있지 않겠느냐는 생각 때문이었다. 물론 그 의미와 가치를 평가해주는 건 순전히 독자들의 몫이다. 각 명언의 맥락이나 배경을 더 알고 싶어할 독자들을 위해 가급적 출처를 표기하고자 애를 썼다.(누군가 인용한 문장을 재인용한 경우엔 일일이 '재인용'이라고 밝히는 게 원칙이지만, 그런 경우가 많아 재인용 표시를 생략했음을 이해해주시기 바란다.)

독자들께서 말하기와 글쓰기에 활용하는 실용성과 더불어 스스로 마음껏 상상의 나래를 펴면서 명언을 음미하는 즐거운 여행을 만끽하시길 기대한다.

2019년 7월

강준만 씀

차례

1장

사람과 사람 사이에

고독 |

 ⌚ 고독한 사람만이 행복을 누릴 수 있는 권리가 있다.

＿아르투르 쇼펜하우어

쇼펜하우어가 철학자로서 아무리 위대하더라도 그렇지, 평생을 거의 하숙생활로 보내면서 하나뿐인 자식을 사생아로 버려둔 그의 말을 믿거나 그의 삶을 흉내낼 필요가 있을까?

 ⌚ 나는 고독만큼 벗 삼기에 좋은 벗을 알지 못한다. ＿

미국 작가 헨리 데이비드 소로

매사추세츠주 콩코드에서 태어난 미국의 작가 소로는 하버드대학을 졸업했으나 부와 명성을 쫓는 화려한 생활을 따르지 않고 고향으로 돌아와 자연 속에서 글을 쓴 초월주의자였다. 그의 대표작은 1854년에 출간된 『월든Walden』이다.[1] 고독을 즐기는 것은 습관이다. 나중엔 중독된다. 소로처럼 살겠다면 모를까, 고독을 친구로까지 둘 필요는 없지 않을까?

❧ 고독 속에서만 우리 자신을 발견할 수 있다. __스페인 작가 미구엘 드 우나무노

사람을 유난히 좋아하는 사람들이 있다. 그들은 늘 친구들에 둘러싸인 채 살아간다. 그런 친교에서 삶의 의미와 기쁨을 찾는다. 좋은 일이지만, 그런 사람의 정체성은 '관계'인지라 자기 자신을 발견하긴 어렵다. 그걸 발견해서 무엇에 쓰느냐고 반문하는 사람들에겐 고독은 재앙인 반면, 그걸 간절히 원하는 사람에겐 고독만큼 좋은 건 없을 게다.

❧ 나는 시골에서 고독하게 살면서 조용한 생활의 단조로움이 창의력을 자극한다는 걸 깨달았다. __물리학자 앨버트 아인슈타인

창의력이 뛰어난 사람들은 대부분 고독을 선호한다. 깊은 생각은 홀로 하는 것이지 다른 사람들과 더불어 할 수는 없기 때문이다. 창의력을 키우기 위해 일부러 고독하게 살 필요는 없겠지만, 때로 일시적으로나마 고독을 이용해보는 건 어떨까?

❧ 홀로 있음의 고통을 표현하기 위해 '외로움', 홀로

있음의 영광을 표현하기 위해 '고독'이라는 말이 만들어졌다. __독일 신학자 폴 틸리히

'고독solitude'은 스스로 택한 '외로움loneliness'이다. 둘 다 홀로 있음을 뜻하는 말이지만, loneliness은 주관적 심리 상태인 반면, solitude, aloneness, isolation은 다른 사람들로부터 떨어져 있는 객관적 상태를 의미한다. 무슨 일을 하기 위해 일부러 고립을 택하는 사람들도 있다. 고독과 고립 사이엔 필연적인 연관은 없다. 혼자서도 행복할 수 있으며, 군중 속에서 고독을 느낄 수도 있다. 물론 대체적으론 고립돼 있을 때 고독을 느끼는 경우가 많지만 말이다.[2]

✎ 사람들은 자신이 고독을 견디는 능력이 있다고 과신하는 경향이 강하다.[3] __미국 심리학자 미하이 칙센트미하이

아닌 게 아니라 사람들은 좀처럼 자신의 고독을 인정하지 않거나 그 의미를 과소평가하는 자기기만을 범하는 경우가 많다. 강한 자존심 때문일까? 우리는 주변 사람들에게 "나 고독하다"고 말하는 걸 부끄럽게 여기는 성향이 강한 것 같다. 그럴 필요가 있을까?

주변을 잘 둘러보시라. 허세 부리다 망가진 사람들이

숱하게 많다. 고독을 예찬한 조용필의 〈킬리만자로의 표범〉은 노래방에서나 부르고, 평소엔 경계심과 긴장을 풀고 자신의 있는 모습 그대로를 보여주는 건 어떨까? 이 노래의 가사처럼 "내가 지금 이 세상을 살고 있는 것은 21세기가 간절히 나를 원했기 때문"이라는 식으로 허세를 부리는 건 다시 생각해볼 일이다.

많은 사람들이 자신은 있는 그대로 보이는 걸 두려워하지 않는다면 우리 사회의 그 치열한 생존경쟁도 조금은 완화될 수 있지 않을까? 자존심이라곤 하지만 우리가 세상을 피곤하게 사는 데엔 오기와 시기심도 적잖이 작용하는 게 아닐까? 고독한 사람끼리 자주 만나면 화병이나 우울증으로 고통받는 사람들이 크게 줄어들겠지만, 이 역시 쉽지 않다는 데 문제가 있다 하겠다. 그럼에도 내가 지금 이 세상을 살고 있는 것은 21세기가 간절히 나를 원했기 때문이라는 따위의 망상은 갖지 않는 게 좋겠다.

❧ 무슨 일을 시작하든 우선 고독이란 강을 건너지 않으면 안 된다. 그 강을 건너지 않고는 제아무리 거창한 말을 입에 담는다 해도 다 어린애 장난이다. __소설가 마루야마 겐지

이 말을 좋아한다는 양창순에 따르면, "물론 창작을 하는 사람이 하는 말이라는 점을 감안해야 하겠지만, 그의 결연함이 묘하게 위로가 되어주는 것이다. 적어도 고독에 관해서는".[4]

    🌿   저 홀로 고독하지 못하는 사람이 사고를 치고 문제를 일으키는 것 같더라.[5] ＿소설가 김훈

무릎을 탁 칠 만큼 공감이 간다. 주변을 둘러보자. 사고를 치고 문제를 일으키는 사람들은 대부분 고독을 아예 모르거나 혐오하는 사람들이다. 그런 사람들의 주변엔 늘 사람들이 들끓는다. 물론 세속적인 이해관계로 몰려든 사람들이다. 그런 사람들에겐 한 줌의 고독이나마 선물하고 싶은데, 어떻게 전해줘야 할지 모르겠다.

김훈은 자신의 생활방식에 대해 "대부분 집에 홀로 있습니다. 토굴을 지키는 스님같이, '혼자 있음Being alone'의 존엄을 즐기고 삽니다"라면서 "우리 사회 병리현상의 상당 부분이 혼자 있는 것을 즐기지 못해 생기는 것 같아요"라고 말했다.[6] 사람들이 외롭다는 핑계로 파당을 만들고 추저분한 짓을 한다는 것이다. 물론 보통사람들이 그의 독특한 생활방식을 흉내내기는 어려울 것이며 또 그

게 과연 바람직하냐는 이의 제기도 가능하겠지만, 떼지어 몰려다니길 좋아하는 우리의 행태를 되돌아볼 필요는 있겠다는 생각이 든다.

외로움 |

꼭 선하게 살면 외롭게 된다. __미국 작가 마크 트웨인

프랑스 시인 쥘 르나르Jules Renard는 마치 이 말에 답이라도 하듯 "외로운 게 두렵다면 의롭지 말라"고 했다. 원칙과 도덕에 투철한 사람이 주변의 환영이나 지지를 받긴 어렵다. 대부분의 사람들이 적당한 수준에서 타협하며 사는 게 현명하다고 믿고 있기 때문이다. 그런데 옆에서 누군가가 자꾸 원칙과 도덕을 이야기하면 불편해서 그 사람을 멀리하게 된다. 선하고 의롭게 살더라도 선함과 의로움을 감추면서 입은 꾹 다물고 살아야 하나 보다. 칼 융은 외로워지는 이유에 '지식'을 추가했다. "다른 사람들보다 많이 알면 외로워진다."

영국의 캔터베리 대주교 지아프리 프랜시스 피셔 Geoffrey Francis Fisher는 외로움에 관한 도시와 농촌의 격차도 지적했다. "도시에선 조용한 사람은 없지만 많은 이들이 외롭고, 농촌에선 모두 조용하지만 외로운 사람은 거의 없다."

✑ 불신보다 더 외로운 게 있을까? __영국 시인 T. S. 엘리어트

지도자가 대중으로부터 불신을 받는 것보다 더 외로운 것은 없다며 한 말이지만, 보통사람들도 다를 게 없다. 주변 사람들로부터 불신을 받는 사람이 어찌 외롭지 않을 수 있겠는가? 그럼에도 자신은 외롭지 않다고 믿는 '정신 승리'를 추구한다 한들, 그게 오래 갈 수 있을까?

✑ 실패로 인한 외로움보다 더 큰 외로움은 없다. __미국 작가 에릭 호퍼

"성공이 성공을 낳고 실패가 실패를 낳는다"는 말은 바로 이런 경우에 딱 들어맞는다. 성공을 하면 주변에 사람들이 몰려들지만, 실패를 하면 있던 친구마저 달아난다. 그때의 외로움을 어찌 말로 표현할 수 있을까? 친구를 잃지 않기 위해서라도 꼭 성공해야 하는 걸까? 아니면 실패하더라도 달아나지 않을 친구를 두어야 하는 걸까?

✑ 인간은 원래 외롭게 타고난 존재이며, 그런 점에서 외로움에서 벗어나려는 노력은 아무 소용없다.[7] __프랑스 실존주의 철학자 장 폴 사르트르

이 말을 곧이들을 필요는 없다. "나는 실존주의자가 아니거든"이라고 답하면서 나름의 방법을 찾아보는 게 현명하다.

❨ **외로움은 최악의 빈곤이다.** __테레사 수녀

'가난한 사람들의 어머니'로 빈민 구제 운동에 앞장섰던 그는 "가장 나쁜 병은 나병도 결핵도 아니다. 아무도 존경하지 않고, 아무도 사랑해주지 않고, 배척받고 있다는 느낌이 가장 나쁜 것이다"는 말도 했다.[8] 빈민들은 공동체를 형성하면 외롭지는 않다. 반면 돈이 많아질수록 자기 돈을 노리는 사람들에 대한 경계심을 갖느라 외로워지기 마련이다. 그래서 영국 배우 조안 콜린스Joan Collins는 "외로움은 부자의 영원한 고민이다"고 했다. 하지만 고민을 할망정 빈곤보다는 외로움을 택할 사람들이 더 많을 것 같다. 아닌가?

❨ **울지 마라. 외로우니까 사람이다. 살아간다는 것은 외로움을 견디는 일이다.** __시인 정호승

〈수선화에게〉라는 시에 나오는 한 구절이다. 시는 이렇게 이어진다. "가끔은 하느님도 외로워서 눈물을 흘리

신다. 새들이 나뭇가지에 앉아 있는 것도 외로움 때문이고 네가 물가에 앉아 있는 것도 외로움 때문이다. 산그림자도 외로워서 하루에 한번씩 마을로 내려온다. 종소리도 외로워서 울려퍼진다."[9]

가수 김창완은 "사람들은 SNS로 외로움을 해소하려는 모양인데 난 그게 못마땅해요. 외로움이 얼마나 소중한 감정인데 말이에요"라고 말하기도 했다.[10] 그가 말하는 외로움은 고독에 가까운 것이겠지만, 외로움조차도 소중한 감정이라는 주장이 인상적이다. 문제의 본질은 '생각'이 아닐까? 생각하는 걸 좋아하는 사람은 외로움도 소중하겠지만, 생각하는 걸 싫어하는 사람에겐 SNS야말로 삶의 의미와 보람을 건질 수 있는 신천지일 게다. 폴란드 출신의 영국 소설가 조지프 콘래드Joseph Conrad는 "삶이나 꿈이나 혼자이기는 마찬가지다"고 했는데, 이런 의연한 자세가 필요한 건 아닌지 모르겠다.

✎ 아주 극단적인 경우를 제외하곤 보통 외로움을 많이 느낀다고 말하는 사람들은 평균치보다 친구가 많다.[11] _영국 저널리스트 올리버 버크먼

버크먼이 외로움에 관한 연구들을 근거로 한 말이다.

그는 심리학자 존 카시오포John T. Cacioppo의 연구결과에 기대어 그 이유를 이렇게 설명한다.

"그런 사람들을 보면 오히려 혼자서 지내는 시간이 평균보다 적으며, 사회성도 더 뛰어나다. 그렇다면 정말 이상하지 않은가? 외로움은 다른 사람들과 접촉이 부족해서 발생하는 것 아닌가? (…) 외로움은 사람을 사귀는 사회성이 떨어지기 때문에 발생하는 것이 아니다. 그보다는 만족할 만큼 깊은 유대관계가 유지되지 않기 때문에 발생하는 것이다. 그런 점에서 외로움을 줄일 수 있는 최고의 방법은 끈적끈적한 유대관계를 나눌 수 있는 친구를 두는 것이다."

그렇다면 끈적끈적한 유대관계를 맺길 원치 않는 사람들은 평생 외로울 수밖에 없다는 건가? 미국 미래학자 앨빈 토플러가 "외로움은 이젠 너무도 널리 퍼져서 역설적으로 공유된 경험이 되었다"고 말한 것도 바로 그런 현상과 관련이 있는 것인가? 그렇다면 다시 사르트르로 돌아가 외로움은 인간의 존재 조건임을 받아들이는 게 좋을지도 모르겠다.

고립 |

    그 누구도 섬은 아니다No man is an island. __영국 시인 존 던

모든 사람은 휴머니티라고 하는 대륙의 부분으로서 다른 사람들로부터 고립된 존재가 아니라는 뜻으로, 고립에 관한 이야기가 나올 때마다 빠지지 않고 인용되는 명언 중의 명언이다. 미국 심리학자 니콜라스 디폰조Nicholas DiFonzo는 이 말의 의미를 설명하면서 "우리가 스스로 인간임을 증명하는 데 가장 중요한 증거는 타인과 의사소통을 한다는 점이다"고 말한다. "대부분의 창조물처럼 인간 역시 사회적 상호작용을 하도록 태어났다. 함께 이야기하고, 함께 먹고, 함께 일한다. 거래를 하고, 물물교환을 하며, 언쟁을 벌인다. (…) 우리는 타인과의 관계 속에서 스스로를 바라보기도 한다."[12]

그러니 누군가를 섬처럼 고립시킨다면, 그 사람은 인간이 아니라고 내모는 것이나 다를 바 없다. 그래서야 쓰겠는가? 하지만 그 누구도 섬이 아니라는 건 당위의 선

언일 뿐 현실은 아니다. 우리 사회엔 섬처럼 내버려두는 사람들이 너무 많으며, 사적인 인간관계에서도 누군가를 섬으로 만들기 위해 이른바 '왕따'를 저지르기도 한다. "타인을 섬으로 만드려는 사람은 악인이다"는 좀더 적극적인 아포리즘이 나와야 할 것 같다.

∽ 인간은 인간에게 하나의 신이다.[13] __네덜란드 철학자 바뤼흐 스피노자

인간은 홀로 살 수는 없으며 인간들의 도시로 뛰어들어야 하는 존재라는 의미다. 물론 인간이 인간에게 늘 신神이기만 한 건 아니다. 악마일 때도 있다. 누구나 한번쯤은 겪어본 일일 게다. 어떤 특수한 상황에서 사람을 만났을 때의 기쁨이 있는가 하면 정반대로 두려움도 있다. 도시의 축복과 저주라고 할 수 있겠다. 더불어 같이 살아주는 인간들이 고맙다가도 그들 중 일부가 내 생명을 노리는 범죄자가 될 때엔 온전한 고립을 그리워하게 되니까 말이다.

"로빈슨 크루소조차도 하인 프라이데이를 데리고 있었다. 그가 없었다면 크루소는 아마도 미쳐버렸을 뿐 아니라 실제로 죽어버렸을 것이다."[14] 유대인으로 독일계 미

국 학자인 에리히 프롬의 말이다. 사람들은 다른 사람들과 어떤 종류의 관계를 맺고 협력하지 않고서는 살 수 없다며 한 말이다. 홀로 조용하게 사는 걸 좋아하는 사람들도 있지만, 그런 사람들이 원하는 것은 결코 고립은 아니다. 그건 자발적 행위이기에 언제건 마음만 먹으면 고립에서 탈출할 수 있다.

❧ 작가의 고립은 권력자의 고립과 닮은 점이 많다. ▁
콜롬비아 작가 가브리엘 가르시아 마르케스

마르케스는 "『백년 동안의 고독』이 출판된 이후에 저를 위협했던 고독은 작가의 고립과는 다른 것이었습니다. 그것은 명성이라는 고독이었으며 권력자의 고독을 많이 닮았습니다. 항상 곁에 있는 제 친구들이 그런 고립에서 지켜주었습니다"라고 말했다.[15]

그렇다면 작가의 고립이란 무엇일까? 미국 작가 어니스트 헤밍웨이가 다른 작가들을 만나지 않는 이유에 대해 한 말이 좋은 설명이 될 것 같다. "일을 해야 하고 일할 시간은 점점 더 짧아지니, 그 시간을 낭비하는 게 마치 용서받을 수 없는 죄를 짓는 것처럼 느껴져요. 그래서 점점 더 혼자가 됩니다."[16]

고립된 삶을 사는 것으로 유명한 소설가 무라카미 하루키의 다음 인터뷰 내용은 웃음을 자아내게 만든다. (문) "첫 번째 책이 출판되었을 때 상을 받았고 독자적인 길을 가셨지요. 다른 작가들도 만나기 시작했습니까?" (답) "아니요. 전혀." (문) "당시에 작가 친구는 없었습니까?" (답) "한 명도 없었습니다." (문) "나중에 친구나 동료가 된 작가가 있습니까?" (답) "아니요. 한 명도 없습니다." (문) "오늘날까지도 작가 친구는 한 명도 없나요?" (답) "없다고 생각돼요." (문) "작품을 쓰는 과정에서 보여주는 사람도 없습니까?" (답) "전혀요."[17]

❧ 개인이 경험할 수 있는 가장 파괴적이고 무서운 감정이 심리적 고립이다. ＿미국 정신분석학자 진 베이커 밀러

"단순히 혼자라는 의미가 아니다. 타인과의 유대를 절대 맺을 수 없고 이 상황을 바꿀 힘도 없다는, 절대적 무기력 상태. 고립감이 극도에 달하면 절망과 자포자기에 이르게 된다. 이 끔찍한 고립감과 무력감에서 벗어나기 위해 사람들은 무슨 짓이든 하게 된다."[18] 이 마지막 경고가 무섭다. 심리적 고립에 빠져 있는 사람들을 대상으로 사회복지 차원의 적극적이되 부드러운 개입이 있어

야 할 것 같다는 생각이 든다.

미국 정신의학자 재클린 올즈Jacquelyne Olds와 리처드 슈와츠Richard Schwartz는 『외로운 미국인The Lonely American』(2008)이란 책에서 '고독의 증가'와 '미국이 사회적 고립을 향해 나아가는 움직임'이 미국인의 건강과 행복을 해치고 있다고 경고한다. 이들은 그 근거 중의 하나로 1985년에서 2004년 사이에 자신에게 중요한 문제를 누구와도 의논하지 않는다고 답한 미국인의 수가 3배로 늘어나 인구의 4분의 1에 가까워지고 있다는 사실을 들었다.[19]

고령화가 급속히 이루어지고 있는 한국에선 독거 노인의 고립 문제가 심각하다. 전체 노인의 20% 정도가 독거 노인이며, 이들의 62.4%는 절대빈곤선 이하의 삶을 살아가고 있다. 혼자 거주하다가 사망 후 뒤늦게 발견된 고독사는 2013년 1만 건을 넘어섰다.[20] "그 누구도 섬은 아니다"는 말이 이젠 "그 누구든 섬이 될 수 있다"로 바뀌어야 하는 건가?

공감 |

    상대의 슬픔을 느끼는 것은 적선보다 더 힘들다. 돈은 인간의 자아 바깥에 있지만, 공감은 자기 영혼과의 대화이기 때문이다.[21] __영국 작가 윌리엄 마운트포드

마운트포드는 사실상 '공감empathy'과 '동정sympathy'의 차이에 대해 말하고 있다. 동정은 다른 사람의 곤경을 보고 측은함을 느끼는 수동적인 입장이지만, 공감은 적극적인 참여를 의미하여 관찰자가 기꺼이 다른 사람의 경험의 일부가 되어 그들의 경험에 대한 느낌을 공유한다는 의미를 갖고 있다.[22] 그러니 동정심으로 적선을 하는 사람이라도 공감엔 무능력자일 수 있는 것이다.

    공감은 역지사지易地思之의 과정이다.[23] __미국 커뮤니케이션 학자 존 스튜어트

존 스튜어트가 『벽 대신 다리를Bridges Not Walls』(1995)에서 한 말이다. 상대방과 입장을 바꿔놓고 생각해봐야 공감할 수 있다는 것이다. 따라서 역지사지를 할 줄 모르거

나 하지 않으려는 사람은 공감을 할 수 없다. 역지사지엔 에너지가 필요하다. 그 에너지를 아끼겠다는 인색한 사람들, 그들이 바로 공감을 거부하는 사람들이다.

> ✦ 공감은 연결하는 것이고, 동정은 너와 나는 다르다고 '선을 긋는 것'이다. __미국 사회복지학자 브레네 브라운

『나는 왜 내 편이 아닌가』(2007)에서 브레네 브라운은 공감 대신 동정하는 사람의 마음을 이렇게 표현한다. "나는 여기 있고 너는 거기 있다. 네가 그런 일을 당했다니 마음이 아프고 슬프다. 하지만 하나만은 분명히 하자. 나한테는 그런 일이 벌어지지 않았다. 너와 나 사이에는 분명한 선이 존재하고 너는 그 선 너머에 있다!"

너무 야박하게 표현한 게 아닌가 하는 생각이 들긴 하지만, 다음 조언은 우리 모두 꼭 알아둬야 할 것 같다. "공감이 필요한 사람에게 동정을 주는 것도 문제지만, 공감을 구해야 할 때 동정을 구하는 것 역시 상황을 복잡하게 만든다."[24] 공감보다는 동정을 원하는 사람들도 있기 때문에 공감이 동정보다 더 나은 거라고 말할 수는 없다는 것이다. 누군가에 대해 공감을 하건 동정을 하건 그걸 잘 살펴볼 필요가 있겠다.

✑ 공감의 확장은 갈수록 복잡해지는 사회적 교류와 인프라를 가능하게 하는 사회적 접착제이다. __미국 사회비평가 제러미 리프킨

『공감의 시대The Emphatic Civilization』(2009)라고 번역된 저서에서 리프킨이 한 말이다. 2008년 미국 대통령선거를 위한 민주당 후보 경선 과정에서 실시된 한 여론조사는 민주당 지지자들을 대상으로 "대통령 후보에게 가장 중요한 자질이 무엇인가?"라는 질문을 던졌다. '선거에서 이길 확률이 가장 높은 사람'을 제치고 많은 사람들이 '공감'을 선택했다. 리프킨은 "대통령선거에서 공감이란 문제가 제기된 것은 지난 50년 동안 세계적으로 가치관에 뚜렷한 변화가 일어났다는 사실을 반영해주는 현상이다"며 공감의 가치에 큰 의미를 부여한다.[25]

✑ 탐욕의 시대는 가고 공감의 시대가 왔다. 삶에 대한 투쟁이 자연의 본질이니 우리도 그렇게 살아야 한다고 말하는 사람을 누구도 믿지 말라. __네덜란드 영장류학자 프란스 드 발

『공감의 시대The Age of Empathy』(2010)에서 드 발은 "공감은 선천적 본능"이라고 주장한다. 공감에서 비롯된 이타성과 공정성은 "결국에는 종의 생존을 위한 자연선택

의 결과"라는 것이다. 그런데 근대 이후 약 250년간 우리를 지배해온 '경쟁의 논리'로 인해 공감이라는 본능이 무시돼왔을 뿐, 그걸 되살리는 게 옳다는 것이다.[26]

🙠 배려나 공감은 제한적인 자원이다. 그렇지만 신히피적 관점은 공감을 무한히 쓸 수 있는 비축물로 여긴다. ㅡ미국 철학자 스티븐 아스마

아스마가 『편애하는 인간』(2013)에서 공감의 중요성을 강조하는 리프킨의 주장을 반박하면서 한 말이다. 그는 리프킨의 주장에 대해 '신히피적 발상'이라며 매우 냉소적인 반응을 보이면서 "리프킨은 그저 열심히 노력하면 전 인류에 대해 배려와 공감을 느낄 수 있다는 일반적인 생각을 드러낸다"고 꼬집는다.[27] 듣고 보니 아스마의 말에도 일리가 있는 것 같다. 누구든 무한정 배려나 공감을 할 수는 없으니까 말이다. 다만, 그런 이유로 공감의 중요성을 굳이 비판할 이유는 없다는 생각이 든다.

🙠 공감 능력이 없어서가 아니라 오히려 공감 능력이 있기 때문에 비인간적인 일들이 일어난다.[28] ㅡ독일 인지과학자 프리츠 브라이트하우프트

『나도 그렇게 생각한다: 공감의 두 얼굴』이란 저서에서 브라이트하우프트가 한 말이다. 예컨대, 많은 사람들이 막말을 많이 하는 미국 대통령 도널드 트럼프에겐 공감 능력이 없는 것처럼 말하지만, 실은 그는 자신의 말에 공감하는 사람들의 힘으로 대통령이 되었다는 것이다. 공감에 반대하는 게 아니라 공감을 맹목적으로 높이 평가하는 것을 경계해야 한다는 게 브라이트하우프트의 메시지다. "더 나은 사회와 개인의 행복을 추구하기 위해 공감이라는 긍정적인 이면 뒤에 도사린 문제점과 실체도 함께 들여다봐야 한다."

하긴 우린 그간 공감의 밝은 면만 보면서 우리가 혐오하는 사회적 현상들도 공감을 매개로 이루어진 것임을 외면해온 것인지도 모르겠다. 최근 소설가 김훈은 한국 사회가 "악다구니로 날을 지새면서 남의 고통에 대한 공감 능력이 사라졌다"고 개탄했는데,[29] '악다구니, 쌍소리, 욕지거리, 거짓말'을 하는 사람들 역시 자기들끼리의 공감을 근거로 그런 짓을 하는 건 아닌지 두렵다. 그렇다면 공감이 제한적인 자원이라는 게 차라리 다행이라고 봐야 하는 걸까?

인정 |

    그대가 자신에 대해서 생각하는 것이 다른 사람이 그대에 대해서 생각하는 것보다 훨씬 중요하다.[30] __스토아학파 철학자 세네카

역시 평정과 금욕을 중시하는 스토아학파다운 말씀이다. 인도의 정치가 마하트마 간디도 비슷한 말을 남겼다. "다른 사람의 마음에 들려고 애쓰다 보면 자신의 자유를 포기하게 된다."[31] 둘 다 아름다운 말이긴 하지만, 우리 인간이 그렇게 생겨먹지 않은 걸 어이하랴.

    인간의 행동을 지배하는 가장 기본적인 원리는, 다른 사람의 인정에 대한 갈구이다.[32] __미국 심리학자 윌리엄 제임스

우리 인간은 사회적 동물이기에 남들이 나를 인정해주는 맛에 세상을 산다. 삶은 남들의 인정을 받기 위한 투쟁, 줄여서 '인정투쟁struggle for recognition'의 연속이라고 해도 과언이 아니다. 오늘도 누군가의 인정을 받기 위해 애쓴 당신, 고생 많으셨다.

✼ 인정을 받기 위한 투쟁은 인류 역사를 이끌어온 원 동력이다.[33] __미국 정치학자 프랜시스 후쿠야마

후쿠야마는 자유민주주의 체제야말로 '인정 욕구'가 모든 사람에게 충족되는 사회라며 '역사의 종언'을 외쳐 논란이 되었지만, 위 말은 맞다. 아니 이미 여러 지식인들이 했던 주장이다. 그렇게 남의 인정을 받으려고 애쓰는 만큼 남도 인정해주면서 살면 좋으련만.

후쿠야마는 2014년 언론 인터뷰에서 "경제적 이익보다 인정받는 것이 더 중요한가요?"라는 질문에 이렇게 답했다. "그건 복잡합니다. 경제적 이익과 인정, 이 둘은 사람에게 동기를 부여하는 데 가장 중요한 요소예요. 제과거의 주장이 무엇이냐면, 돈 문제로 전전긍긍하는 행위는 소비를 늘리지 못해서가 아니라, 사실은 인정받지 못하는 문제 때문이라고 한 것입니다. 실리콘밸리에서는 억만장자가 그렇게 많은데 왜 아침 일찍부터 일하러 가는 걸까요? 30억 달러밖에 없으니까 앞으로는 60억 달러를 벌고 싶어서 그런 걸까요? 아니요. 그들은 단지 무언가 크고 중요하고 차별된 일을 하면서 인정받고 싶은 겁니다."

또 그는 "다른 사람을 잘 인정해주는 방법은 무엇일까

그 순간 그 문장이 떠올랐다

요?"라는 질문엔 이렇게 답했다. "그것은 임마누엘 칸트가 말한 명언에 담겨 있습니다. '사람은 목적 그 자체이지 목적을 달성하기 위한 수단이 아니다'라고요. 만약 당신이 누군가를 만나면서 그 사람이 당신에게 쓸모 있을 것이라고 생각해서 만나는 것이라면, 그건 사람을 인정한다고 볼 수 없지요. 우정이 쌓이면서 그 상대를 존중하게 된다면 거기서부터 인정이 생기는 것입니다."[34] 평소 현실주의를 역설해온 그답지 않게 워낙 비현실적인 말씀인지라, 차라리 "난 그건 모르겠다"고 답하는 게 더 낫지 않았을까 싶다.

❧   인정은 유한한 자원이 아니라 무한정 만들어낼 수 있는 자원이다. __미국 교육학자 로버트 풀러

『신분의 종말: '특별한 자'와 '아무것도 아닌 자'의 경계를 넘어서』(2003)라는 책에서 풀러는 "사람들이 진정으로 원하고 또 필요로 하는 것은 남을 지배하는 것이 아니라 그들에게 인정을 받는 것이다"고 말한다. 거기엔 이런 말도 나온다. "'당신을 알아가는' 게임은 제로섬게임, 즉 내가 얻는 만큼 너는 잃고 그 반대도 마찬가지인 게임이 아니다. 오히려 수학에서 말하는 비非제로섬게임, 즉 양

측 모두 처음보다 더 좋은 결말을 맞이할 수 있는 게임이다."[35]

아, 그렇게만 될 수 있다면 얼마나 좋을까? 하지만 그의 책 제목이 시사하듯이, 인정에 서열이 개입되면 인정은 유한한 자원이 되고 만다. 모두가 다 특별한 사람이 될 수는 없으니까 말이다. 서열 없는 세상도 유토피아다.

　　∞ 누군가 당신을 사랑하기 전까지 당신은 아무것도 아닌 존재예요.[36] __캐나다 가수 마이클 부블레

부블레의 노래 중 한 곡의 제목이다. 노랫말을 따라가 보자. "누군가 당신에게 관심 갖기 전까진 당신은 아무것도 아니예요. 당신은 왕일 수도 있고 온 세상과 황금을 소유할 수도 있지요. 그러나 당신이 나이가 들면 황금은 당신에게 행복을 가져다주진 않아요." 사랑과 관심이야말로 인정의 핵심이다. 정말 좋은 노래이긴 하지만, 황금이 남들의 사랑과 관심도 가져다주면 어떡할까? 진정한 사랑과 관심인지 알아내는 일이 필요할까? 이건 행복한 고민일까, 불행한 고민일까?

"한겨울엔 노스만 입어도 무서울 게 없다." 2011년 서울북공업고등학교의 국어시간에 학생들이 제출한 작품

들 가운데 류연우가 쓴 〈노스 패딩〉이란 시다. 이 시의 전문을 감상해보자. "겨울이 오면 모든 학생들이/노스 패딩을 입는다/왜 노스만 입을까/다른 패딩들도 많은데/노스는 비싼데, 담배빵 당하면 터지는데/노스는 간지템, 비싼 노스 안에 내 몸을 숨기고/무엇이라도 된 듯하게 당당하게 거리를 걷는다/한겨울엔 노스만 입어도 무서울 게 없다."[37] 김찬호가 『모멸감』(2014)이란 책에서 소개한 것인데, 10대들의 인정투쟁을 엿보는 데 더할 나위 없이 좋은 예라는 생각이 든다. 류연우의 '간지템'에 뒤늦게나마 축하를 보내고 싶다.

2장

우리를
괴롭히는
감정들

걱정 |

　　∽　내일 일을 위하여 염려하지 말라. 내일 일은 내일 염
려할 것이요 한 날 괴로움은 그 날에 족하니라. __「마태복음」 6장
34절

　　근심 걱정은 인류의 탄생 이래로 동서고금을 막론하고
인간을 괴롭혀온 것이다. 중국 당나라 때의 시인인 한산
寒山도 "백 년도 못 사는 인간이 천 년의 근심으로 살아간
다"고 했다.[1]

　　후대의 유명 인사들도 마치 경쟁이라도 하듯이 '근심
걱정으로부터의 해방'을 역설하고 나섰다. 미국 정치가
이자 발명가인 벤자민 프랭클린은 "일어나지도 않을 일
을 괜히 걱정하지 말라, 밝은 태양을 보라"고 했고, 영국
작가 윌리엄 랄프 잉게William Ralph Inge는 "걱정이란 지급
기일도 되기 전에 이자를 지불하는 것이다"고 했으며,[2]
마하트마 간디는 "걱정만큼 몸을 소모시키는 것도 없다"
고 했다.

　　근심 걱정을 하지 말라고 조언하는 익명의 격언과 재

담도 무수히 많다. "오늘은 우리가 어제 걱정했던 내일이다." "걱정하지 말고 즐겁게 살라." "걱정을 사서 하지 마라." "어쩌지 못하는 것은 걱정하지 말라." "걱정거리가 당신을 실제로 걱정하게 만들 때까진 걱정거리를 미리 걱정하지 말라."

    ❧ 나는 늙은이이고 그런 만큼 이 세상의 수많은 걱정거리에 대해 알 만큼 알고 있다. 그런데 사람들이 미리 걱정했던 일은 대부분 일어나지 않았다. __미국 작가 마크 트웨인

마크 트웨인은 무작정 걱정하지 말라고 외치는 대신 자신의 경험에 근거해 좀더 실감나는 조언을 주려고 애쓴다. 그의 이 조언이 가장 설득력이 있다고 생각한 탓인지, 이 말은 "걱정하는 것은 실제 절반도 현실이 아니다"는 말로 축약된 채 자주 인용되고 있다. 미국 병리학자 루이스 토머스Lewis Thomas는 "걱정하는 것은 인간의 모든 기능 가운데 가장 자연스럽고 자발적인 것이다"고 거들었다.[3]

오늘날의 자기계발 전문가들은 좀더 공격적으로 말한다. 웨인 다이어Wayne Dyer는 걱정은 '무익한 감정'이기 때문에 더 버려야 한다고 주장한다. 그런데 정말 그럴까?

아니, 그렇게 생각해야 할까? 영국 저널리스트 올리버 버크먼Oliver Burkeman은 그런 조언이 오히려 더 무익하다고 반론을 편다. 우리가 나쁜 미래를 예측하며 미리 걱정하는 데는 다 이유가 있다며, 이렇게 반문한다. "그렇게 미래를 걱정하면서 한 번씩 현재를 돌아보게 되지 않는가?"[4]

미국 심리학자 줄리 노럼Julie K. Norem은 『걱정 많은 사람들이 잘되는 이유』(2001)에서 걱정은 자신을 지키려는 '방어적 비관주의defensive pessimism'일 수 있다고 말한다. 방어적 비관주의는 부정적 결과를 예상하고 걱정하는 사람들이 안 좋은 결과가 생기는 것을 막기 위해 자신의 걱정과 근심을 유리하게 이용하는 전략이다. 노럼이 비관주의적 성향을 가진 사람들의 성공 비결을 분석해봤더니 그게 바로 '방어적 비관주의'였다는 것이다.[5]

　　🙠 걱정 뒤에 기쁨이 숨겨져 있다. ＿미국 정신과의사 에드워드 할로웰

이렇게 '걱정예찬론'까지 펴는 사람도 있다. 걱정하는 사람들은 걱정하는 동안에는 적어도 자신이 안전하다고 믿으며, 현재에 대한 만족은 평범한 자극밖에는 주지

못하지만 걱정은 큰 자극을 제공하는 장점이 있다는 것이다.

"잘 생각해보라. 우리는 '만족감에 사로잡힌다'는 말은 잘 쓰지 않는다. 걱정을 많이 하는 사람들에게 즐거운 뉴스가 하나 더 있다. 걱정을 많이 하는 사람이 보통 머리가 좋고, 창의력도 뛰어나다는 것이다. 미래에 대해 걱정하는 동안 머릿속에서 수많은 상상력이 싹트기 때문이다."[6]

할로웰은 걱정을 하더라도 "절대 혼자서 걱정하지 말라"고 말한다. "우리는 혼자일 때보다는 누군가와 연결되어 있다고 생각할 때 편안함을 느낀다"며 이렇게 말한다. "우리는 크고 깜깜한 방에 혼자 있으면 공포감을 느낀다. 그러나 누군가와 함께 있으면 그 상황에서도 깔깔거리며 웃을 수 있다."[7]

그렇다면 이제부턴 걱정하는 사람에게 '축하한다'고 말해줘야 할까? 그건 아닐 게다. 걱정에도 나름의 좋은 점은 있으니 걱정을 어리석게 보는 과민 반응은 하지 않는 게 좋다는 뜻으로 이해하면 될 것 같다. 아니면 아예 뻔뻔할 정도로 걱정을 잘 피해가는 강심장들을 흉내내보는 건 어떨까? 미국의 팝아티스트 앤디 워홀은 이렇게 말했다. "때때로 사람들은 난처한 문제에 부딪치면 '그래서 뭐가 어떻다는 건데'라고 넘겨버린다. 이 말은 내가 가장 즐겨 쓰는 말이기도 하다."[8]

불안 |

☦ 모든 인간의 깊은 내면에는 여전히 세상에 홀로 남겨지거나 신에게 버림받을지도 모른다는 불안이 존재한다.[9]
　__덴마크 철학자 쇠렌 키에르케고르

☦ 우리는 불안을 통해 우리 운명의 불확실성을 경험한다.[10]　__독일 철학자 마르틴 하이데거

하이데거는 불안을 인간의 '기본 처지'라고 했다. 그렇다면 똑같은 인간의 숙명인데, 왜 사람마다 불안을 느끼는 정도가 다른 걸까? 동물은 운명의 불확실성을 모르고 살아간다. 당신이 유난히 불안을 느낀다면 그건 그만큼 인간답다는 걸 의미한다. 불안을 덜 느끼도록 애를 써야겠지만, 자책할 필요는 없다는 것이다. 그건 동물과 비슷해지려고 한 걸음 다가서는 것이니 작은 우월감을 느껴도 무방하겠다.[11]

스위스 작가 알랭 드 보통은 『불안』(2004)에서 '지위로 인한 불안'에 주목하면서 폭압적인 신분제가 타파되고 지위를 얻을 수 있는 가능성이 모두에게 열린 '근대'가

오히려 인간의 불안을 만들어냈다고 주장한다. 과거에는 신분을 받아들이고 체념했지만 이제 모두에게 신분상승의 가능성이 주어지면서 서로를 비교하고 기대하게 되었기 때문이라는 것이다. 그는 인간은 다른 사람이 자기를 어떻게 보느냐에 따라 자아상自我像을 결정하며, 세상이 자기를 존중한다는 사실을 확인하지 못하면 스스로를 용납하지 못하고 불안해진다고 말한다.

"자신이 하찮은 존재라는 생각 때문에 느끼는 불안의 좋은 치유책은 세계의 거대한 공간을 여행하는—실제로 또는 예술작품을 통하여—것일 수도 있다."[12] 알랭 드 보통이 제시한 불안해소책 중의 하나지만, 가난한 사람들에겐 '그림의 떡'인지라 뭐 그렇게 썩 와닿지는 않는다. 오히려 그가 내놓은 이런 위로의 메시지가 더 현실적인 것 같다. "불안한 게 정상이다. 불안하지 않다면 되레 그가 이상한 사람이다. 불교를 봐라. 수도승들은 불안으로부터 자유로워지려고 몇십 년씩 도를 닦는다. 우리 몸에는 먼 옛날 사람들이 오늘도 변함없이 태양이 떠오를지 궁금해하면서 느꼈을 불안이 내재해 있다."[13]

그렇다면, 이렇게 바꿔 물으면 불안이 해소될 수도 있겠다. 당신은 불안한가? 당신은 정상이다. 당신은 그간 얼마 동안이나 '불안으로부터의 자유'를 위한 도를 닦아 왔나? 오랜 세월이라 하더라도 세속의 삶을 만끽하면서 해온 수도 생활이 아닌가? 오늘도 태양이 뜬다면 당신은 기쁨을 느낄 것이고, 그렇게 매일 매일 기쁨을 느낄 수 있다는 게 그리 나쁘진 않은 것 같다.

     ✎ 불안하다. 세상만사가 내 손아귀에서 빠져 나가려고 한다. 방황의 기술을 배워 인생의 가장 흥미진진한, 예측불가능한 측면들을 만나보자.[14] ─독일 철학자 레베카 라인하르트

『방황의 기술』(2010)이란 책에 나오는 말이다. 방황을 하는 데도 기술이 필요하다니 좀 우습긴 하지만, 사실 이건 우리가 이미 잘 알고 있던 것이다. "공격이야말로 최상의 방어"라는 말을 떠올리면 된다. 불확실성으로 인해 고통을 받느니 용기와 호기심을 갖고 불확실성으로 가득 찬 미지의 세계에 스스로 다가섬으로써 불확실성을 즐겨보자는 것이다. 사실 이게 바로 많은 사람들이 여행을 좋아하는 이유이기도 하다. 어느 광고 카피를 빗대 말하자면, "열심히 불안해한 당신, 이젠 떠나라!"고 할 수 있겠다.

✺ 불안감을 극복하는 가장 좋은 방법은 불안감과 친구가 되는 것이다. 불안을 수용하고, 그것이 존재하도록 허용하라. 그러나 불안이 당신이 할 일과 하지 않을 일을 결정하는 근본적인 이유가 되어서는 안 된다.[15] _덴마크 심리치료사 일자 샌드

샌드의 저서 『서툰 감정』(2016)의 한 대목이다. 이걸 두고 '발상의 전환' 또는 '역발상'이라고 한다. 기생충 박사 서민이 늘 지적하듯이, 기생충 박멸은 어리석은 생각이다. 기생충과의 공존이 우리 몸에도 훨씬 이롭다고 한다. 다만 적정한 수준에서 공존을 하는 게 필요한데, 그 기준이 바로 의사결정에 미치는 불안의 영향이다. 불안 때문에 해야 할 일을 하지 않는다면, 그건 불안감을 친구가 아닌 적으로 돌리는 일이다. 많은 사람들 앞에서 발표를 할 때에 불안감을 느끼는 게 오히려 도움이 될 수 있다. 아무런 긴장감 없이 매끄럽기만 한 발표는 감동을 주지 못하니까 말이다. 불안감을 친구로 두면 늘 그런 생산적인 긴장감을 이용할 수 있지 않을까?

✺ 내가 불안하다는 것은, 매사를 당연하게 받아들이는 무른 사람이 아니라는 뜻이다. 그래서 내 인생은 더욱 풍요로워졌다.[16] _미국 작가 앤드리아 피터슨

자전적 이야기를 담은 『불안에 대하여』(2017)라는 책을 끝맺으면서 피터슨이 한 말이다. 예컨대, 그는 자신의 삶의 배경음으로 깔린 윙윙거리는 소음 때문에 더 열심히 일하고, 더 멀리 여행하고, 더 솔직히 말하고, 더 많은 위험에 도전할 수 있었다고 한다. 불안을 친구로 삼았다고 말할 수 있겠다.

"한국 고소득층의 49.1%는 자기가 빈곤층이라고 느꼈다."[17] NH투자증권 100세시대연구소가 2016년 30~50대 중산층(월소득 187만~563만 원) 1128명과 고소득층(월소득 563만 원 이상) 232명을 대상으로 조사한 결과다. 누구나 다 돈 걱정 때문에 불안증세를 보인다지만, 고소득층의 절반이 자기가 빈곤층이라고 느낀다니 이건 정말 해도 너무 한다. 이걸 가리켜 '돈 걱정 증후군money sickness syndrome'이라고 한다. 이런 증후군에 빠진 사람들을 가엾게 생각할 필요까진 없겠지만, 불안엔 절대적 기준이 없으며 늘 상대적이라는 사실을 확인한 것만으로도 위로가 되지 않을까?

고통 |

    다른 세상을 원하지 않을 정도로 나는 이 세상에서 너무 많은 고통을 겪어왔다. ＿프랑스 계몽사상가 장 자크 루소

스위스 제네바에서 태어나 칼뱅주의자로 자라난 루소는 사회적 낙오자인데다 하층사회 출신이었기에 프랑스 계몽사상가들 중에서도 이단아였다. 태어난 지 며칠 만에 어머니를 잃고 10살 때 종적을 감춘 아버지로 인해 가난한 방랑생활을 했으며, 평생을 괴롭힌 비뇨기 계통의 병 등으로 인해 타협을 모르는 외톨이가 되었다. 루소의 고통은 성격 탓이라는 주장도 있다.[18]

    지혜로운 사람은 쾌락을 쫓는 것이 아니라 고통을 줄이려 한다. ＿아르투르 쇼펜하우어

'고통의 철학자'였던 쇼펜하우어는 인생이 고통과 지루함을 끝없이 오갈 뿐인 비참한 일이라고 생각했다. 그래서 그의 행복에 대한 정의도 매우 소극적이다. "가장 큰 행복은 환희와 찰나적 순간을 경험한 사람의 것이 아니

라 인생을 통틀어 그 어떤 심신의 고통도 겪어보지 않은 것이다."[19]

✼ 이 세상에서 유일하게 가면을 쓰지 않는 것은 오로지 고통뿐이다.[20] _영국 작가 오스카 와일드

가면 천지인 세상에서, 고통은 정직한 것이다. 물론 다른 사람의 시선이 있으면 엄살을 부릴 수도 있겠지만, 자신이 느끼는 고통엔 그 어떤 가면도 씌울 수 없다. 그래서 중학교 영어 시간에 영어 선생님이 "No pain, no gain"을 강조했던 건지도 모르겠다. 고통이 있어야 얻는 게 있다는 고진감래苦盡甘來의 이치를 감히 누가 부정할 수 있을까? 요즘엔 이 속담이 다이어트를 하는 사람들의 슬로건이 되었다고 하지만, 부디 고통을 당하더라도 그로 인해 무언가 얻을 수 있는 고통이면 좋겠다.

✼ 어떤 작은 일로 자기 구실을 할 수 없는 지경으로 괴로움을 당한다면, 그것이 하다못해 장의 통증이라 해도 (…) 사람은 당장 세계 개혁에 나선다.[21] _헨리 데이비드 소로

우리 인간의 이런 자기중심성 때문에 이 세상에 고통이 철철 흘러넘치는 게 아닐까?

아일랜드 작가 로버트 린드도 비슷한 말을 했다. "고통에 무관심한 것은 거룩한 일이지만, 단 자기 자신의 고통에 국한해서만 그럴 뿐이다." 소로의 말처럼 가슴이 뜨끔해지는 말이다. 우리는 자신의 고통은 과장되게 크게 말하는 반면 타인의 고통에 대해선 적당한 위로의 말을 찾는 정도의 수고밖엔 하지 않는다. 내가 알 수 없고, 느낄 수 없으니, 그럴 수밖에 없긴 하지만, 그 반대의 경우도 생각해봐야 할 것 같다. 자신의 고통에 의연한 무관심은 거룩하지만, 타인의 고통에 의연한 무관심은 냉혹일 수 있다는 걸 말이다. 고통을 넓게 생각하자면, 우리의 인간관계는 고통에 대한 관심의 표명으로 이루어진다고 해도 과언이 아니다.

　　❧　죽음보다는 고통을 겪는 데 더 많은 용기가 필요하다. __미국 작가 헨리 루이스 멩켄

이건 길이와 시간의 문제다. 죽음은 순간인 반면, 고통은 지루할 정도로 오래 지속될 때가 많다. 우리는 주로 찰나의 용기를 예찬하는 경향이 있지만, 진짜 용기는 오래 견뎌내는 게 아닐까?

✺ 인생엔 상당한 즐거움이 있긴 하지만 종합적으로 보자면 인생은 고통이다. 오직 젊은이나 바보만이 달리 생각할 뿐이다. __영국 작가 조지 오웰

이걸 비관적인 말로 해석할 수도 있겠지만, 생각하기에 따라선 매우 낙관적인 말이다. 인생 자체가 고통이라는 걸 전제하고 나면, 그 어떤 고통이건 견뎌내기가 훨씬 쉬워지기 때문이다. 설령 즐거움의 시간이 짧더라도 그마저 생각지도 않았던 축복으로 여길 수 있지 않을까?

✺ 고통은 자극하고, 영성화靈性化하며, 정화淨化한다. __프랑스 철학자 피에르 테야르 드 샤르댕

다니엘라 로코 미네르비Daniela Rocco Minerbi의 해설에 따르면, 이런 이야기다. "고통은 무용지물이 아니다. 고통은 성장을 향한 동기부여의 역할을 한다. 고통은 인간이 자기중심적 사고에서 벗어나도록 한다. 고통은 인간이 다른 사람과 같이 있도록 한다. 고통은 신에게 중심을 둘 수 있도록 한다."[22]

✺ 고통스럽다면 신에게 감사하라. 당신이 살아 있다는 확실한 증거이니 말이다. __미국 작가 앨버트 허바드

우리를 괴롭히는 감정들

이 무슨 궤변이냐고 펄펄 뛸 일은 아니다. 중병에 걸린 나머지 너무도 고통스러워 존엄사를 원하거나 다른 고통으로 인해 자살을 택하는 사람들도 있긴 하다. 하지만 죽음을 원치 않는다면, 고통은 살아 있음의 대가다. 그 대가가 영원히 지속되는 건 아니다. 그러니 감사하는 마음까진 아닐망정 견뎌낼 수 있는 마음을 가질 수 있지 않을까?

미국의 마케팅 전문가 세스 고딘Seth Godin은 한 걸음 더 나아가 성공한 사람들의 예를 들면서 아예 "고통을 즐겨라"라고까지 말한다. "아무런 고통 없이 저절로 그렇게 된 사람은 없다. 가능성의 고통, 상처받기 쉬운 고통, 위험을 극복해야 하는 고통을 겪어야 한다. 그러한 고통을 외면한다면 이룰 수 있는 절호의 기회는 사라지고 만다."[23] 성공하지 않아도 좋으니 그런 고통은 피하면서 살고 싶다고 생각하는 사람들도 많지만, 어떤 선택을 하건 이거 하나는 분명하다. 영국 작가 로렌스 스턴Laurence Sterne의 말처럼, "고통과 쾌락은 빛과 어둠처럼 끊임없이 교차한다."

분노 |

    분노하는 사람은 입만 열 뿐 눈은 감는다. __고대 로마
정치가 카토

    분노한 사람은 이성을 되찾았을 때 자신에 대해 다
시 한 번 분노한다. __고대 로마 작가 푸빌리우스 사이러스

    분노는 몰락과 같아서, 떨어지면서 스스로를 망가뜨
린다. __고대 로마 철학자 세네카

이런 일련의 주장에 대해 영국 철학자 프랜시스 베이
컨은 이런 반론을 폈다. "분노를 완전히 잠재우려 애쓰는
것은 스토아학파 사람들의 자만일 뿐이다. 우리에게는
더 좋은 경우가 있으니 '분을 내어도 죄를 짓지 말며, 해
가 지도록 분을 품지 말라'는 것이다."[24]

"분노하지 말라"는 말을 믿지 말자. 그건 우리 인간으
로서 가능한 일이 아니다. 분노해야 할 땐 당연히 분노해
야 한다. 다만, 관리가 필요하다는 것이다. 오래전 그리
스 철학자 아리스토텔레스는 그 이치를 이렇게 표현했다.
"누구나 화날 수 있다. 그러나 화내는 것도 때와 장소에

우리를 괴롭히는 감정들

맞아야 하고 알맞게 화를 낸다는 것은 매우 어려운 일이다."[25]

   화나면 말하기 전에 열을 세고 그래도 화가 나면 백까지 세라. __미국 제3대 대통령 토머스 제퍼슨

이 말은 오늘날까지도 미국에서 통용되는 금언이 되었다. "화가 났을 땐 100을 세라When angry, count a hundred." 10이나 100이 너무 길다고 생각한 미국 작가 마크 트웨인은 현대판 버전을 내놓았다. "화 나면 넷까지 세라, 그래도 화가 나면 욕을 해라."[26]

   화는 산酸과 같아서, 퍼붓는 대상보다는 그것이 담긴 그릇에 더 큰 피해를 줄 수 있다.[27] __인도 정치가 마하트마 간디

이는 자기계발 전문가들의 한결같은 주장이기도 하다. 미국의 목사이자 처세술 전문가로서 '긍정적 사고의 힘'을 역설한 노먼 빈센트 필은 이렇게 말한다.

"분노가 병을 일으킨다는 말은 이 단어의 기본적인 뜻을 고려하면 이해가 쉽다. 분노resentment란 말은 '다시 느끼다'라는 뜻의 라틴어에서 나왔다. 예를 들어 누군가 당신에게 상처를 주었다고 해보자. 당신은 집에 가서 아내

에게 무슨 일이 있었는지 이야기한다. 그러면 그 설명 과정에서 당신은 아까 받았던 상처를 '다시 느끼게' 된다. 밤에 자다가 깨어서도 그 사람 말이 떠오른다. 그러면 또다시 그 감정을 느끼게 된다. 이렇게 당신이 분노할 때마다 당신은 그 상처를 다시금 느끼게 되는 것이다."[28]

    ✤   분노는 눈에 띄지만 방어능력이 없는 이들을 향해 분출된다.[29] __막스 호르크하이머와 테오도르 아도르노

두 사람이 함께 쓴 책 『계몽의 변증법』(1944)에 나오는 말이다. 이게 참 분노의 고약한 점이다. 분노는 강자보다는 약자를 일방적으로 사랑하니 말이다.

    ✤   난 내가 왜 그랬는지 모르겠어요. 내가 제정신이 아니었나 봐요. '난 당신을 사랑해요'라고 말했어야 했는데 그 대신에 분노의 말을 했어요. __미국 가수 돈 매크린의 노래 〈분노의 말〉

누구든 사랑을 해본 사람이라면 이런 경험이 있지 않을까? 사랑과 분노, 둘 사이의 거리는 멀어야 마땅하겠건만 그게 결코 그렇지 않다는 데 사랑의 묘미이자 비극이 있다. 매크린은 "사과하기는 쉬워요. 잊기는 더욱 어려워요. 당신은 사랑을 편하게 했지만 내가 당신을 당황하게

만들었어요. 분노의 말, 그건 아주 옳지 않았어요"라고 후회했다. 이런 후회를 하지 않게끔 사랑과 분노의 거리를 멀어지게 만드는 게 좋겠다.

❧ 어떤 사람에게 화를 내거나 적대감을 품을 때 막상 고통을 받는 사람은 나 자신이다.[30] _미국 작가 리처드 칼슨

오래전 아리스토텔레스가 지적했듯이, 증오는 고통을 동반하지 않지만 분노는 고통을 동반한다.[31] 그래서 나온 말이 "분노하면 나만 손해"라는 것이다. 하지만 분노해야 할 때에 분노하지 않는 것도 고통이기 때문에 어떤 고통이 더 큰지 비교 평가를 해봐야 할 것 같다.

❧ 분노는 힘과 권위의 감정이기 때문에, 분노를 표출하면 일시적으로 '통제력'을 찾은 것처럼 느낀다. 통제력을 되찾고 싶은 이유는 수치심이 우리 안에 있던 가치와 능력과 자존감을 빼앗아가기 때문이다.[32] _미국 사회복지학자 브레네 브라운

분노했던 때를 떠올리고 잘 생각해보면 브라운의 말에 공감할 게다. 브라운이 분노하라고 권하는 건 아니지만, 분노의 그런 심리적 원인과 효과는 분노란 잘만 관리하면 독약이 아닌 보약이 될 수도 있다는 걸 말해주는 게

아닐까? "지연은 분노의 해독제다"라는 말처럼 거의 모든 속담과 명언들은 화 또는 분노를 자제할 것을 권하지만, 그렇게 하다가 화병에 걸리는 것보다는 분노를 관리된 형태로 터뜨리는 게 더 나을 것 같다. "anger(분노)에 한 글자면 더하면 danger(위험)가 된다"는 말을 명심하자.[33]

절망 |

✿ 절망은 희망보다 더 큰 사기꾼이다. __프랑스 작가 보브나
르그

희망 때문에 좌절하건, 절망 때문에 더 좌절하건, 희망
과 절망 모두 가능성의 게임이다. 그런 관점에서 보자면
아무리 낮은 가능성일망정 반전의 기회는 희망에게만 있
다는 이야기로 이해할 수 있겠다. 영국 정치가이자 작가
인 벤자민 디즈레일리도 비슷한 말을 남겼다. "절망은 바
보들의 결론이다."

디즈레일리는 "절망이란 때때로 천부적 재능만큼 강
력하게 우리를 고무시킨다"고 했는데, 정신분석의 정도
언은 '절망이 주는 폭발적인 에너지'에 대해 이렇게 말한
다. "절망은 겉으로 무덤덤한 듯 보여도 속에서 부글거리
며 끓는 유황 냄새 나는 활화산과 같습니다. 작동하기 시
작한 시한폭탄과 같습니다. (…) 절망에 따른 증오가 남
에게 향하면 사람을 죽일 수도 있습니다. (…) 반면 폭발
적인 증오의 에너지를 긍정적인 힘으로 돌린다면 생활의

활기와 자신감을 찾을 수 있습니다."[34]

❧ 신은 우리를 죽이기 위해 우리에게 절망을 내려보내는 게 아니다. 절망은 우리가 새로운 삶에 눈을 뜨도록 하기 위한 것이다. __독일 작가 헤르만 헤세

헤세의 신앙심이 깊다는 것은 알겠지만, 뭐 굳이 신까지 동원할 필요가 있나 하는 생각이 든다. 절망의 고통은 가급적 겪지 않을수록 좋은 것인데 말이다. 하지만 이전보다 나은 새로운 삶에 눈을 뜰 수 있는 기회가 된다면, 절망을 저주하기보다는 잘 관리할 필요가 있겠다는 생각이 든다.

❧ 바닥에 떨어진 사람에겐 위로 올라가는 것 말고는 갈 곳이 없는 법이다. __미국 제33대 대통령 해리 트루먼

주식 투자자자들은 "바닥을 쳤다"는 말을 즐겨 쓰지만, 그건 우리 인생에도 적용되는 말이다. 그런데 이런 비극이 기다리고 있을 수도 있다. 더 이상 내려갈 곳이 없다고 믿었는데, 미처 상상조차 못했던 더 깊은 바닥이 기다리고 있을 경우다. 그래도 우리는 좌절하지 말고 외쳐야만 한다. 위로 올라가는 것 말고는 갈 곳이 없다고 말

이다.

❧ 절망은 그것을 낳게 한 그 어떤 죄악보다 더 큰 죄
악이다. __영국 작가 C. S. 루이스

그러나 너무 겁 먹을 필요는 없다. 프랑스 철학자 장
폴 사르트르가 "인생은 절망의 이면에서부터 시작된다"
고 말했듯이, 절망은 새로운 출발점일 수도 있으니 말
이다.

❧ 오직 절망만이 우리를 구원할 수 있다. __독일 사상가 테
오도르 아도르노

아도르노가 아르놀트 겔렌과의 논쟁에서 한 말이다.
아도르노는 '제도'를 비판하며 인간은 오늘날 기계장치의
한 부속품이지 자신을 지배하는 주체가 아니라고 주장했
다. 이에 대해 겔렌은 "당신은 아직 인간의 손에 남아 있
는 약간의 것마저도 인간으로 하여금 불만스럽게 여기도
록 만들고 싶어합니다. 그것은 위험한 일입니다"라고 반
박했다. 그러자 아도르노는 "그렇다면 그것에 대하여 이
런 말을 인용하고 싶습니다"라면서 위와 같이 말한 것
이다.

아도르노가 옳고 겔렌이 잘못됐다고 말할 순 없다. 아도르노는 진보적이고 겔렌은 보수적이라고 평가하는 것도 현명하진 않은 것 같다. 맥락은 좀 다를 수 있지만, 절망의 가치가 제대로 인정받지 못하고 있는 현실을 성찰해보자는 뜻에서 소개한 말이다. 우리는 '희망은 좋고 절망은 나쁘다'는 식으로 생각하는데, 절망할 때에 제대로 절망해보지도 않고, 성급한 희망을 갖는 게 얼마나 어리석고 위험한 일인가. 우리 사회엔 '희망중독증'이라 해도 좋을 정도로 희망이 오·남용되고 있다. 그런 경박한 희망보다는 진지한 절망이 미래를 대비하는 데 훨씬 더 나은 게 아닐까?

✎ 절망이 기교를 낳고 기교가 또 절망을 낳는다. __소설가 이상

2008년 1월 6일 대통합민주신당 의원 김한길이 총선 불출마와 정계 은퇴를 선언하면서 인용함으로써 새삼 유명해진 말이다. 그는 다른 의원들의 불출마선언 가능성에 대한 질문을 받고 "나부터가 중요하지 어떤 세력을 말하고 싶지 않다. 지금 누가 쇄신의 주체이고 대상인지 모호하다"며 그렇게 말했다.

우리를 괴롭히는 감정들

그 1년여 전인 2006년 12월 19일 열린우리당 대변인 우상호는 논평을 통해 "우리당은 마음을 비우면 구름이 모인다는 그뜻의 '무심운집無心雲集'을 사자성어로 말씀드린다"며 "마음을 비우고 자신을 비워 국민의 신뢰를 회복하고 마음을 되돌리는 1년을 만들겠다"고 각오를 다졌다. 그로부터 1년여 후 열린우리당은 무심운집을 전혀 실천하지 못했다. 마음을 비우기는커녕 '기교 대행진'에 몰두했다. 마음을 비운다는 건 이렇게 말처럼 쉽지 않은 일이다. 먹고사는 호구지책糊口之策의 문제가 걸리면 더욱 그렇다. 정치가 정치인에겐 호구지책의 문제라는 게 '절망과 기교의 악순환'을 낳는 근본 이유가 아닐까? 무심운집을 실천하느라 호구지책이 어려워지는 정치인을 위한 사회보험제도라도 신설해야 하는 걸까?

✎ 한겨울에 나는 내 안에 무적無敵의 여름이 웅크리고 있다는 것을 마침내 알게 되었다. _프랑스 작가 알베르 카뮈

희망과 절망은 상극이 아니다. 서로 통한다. 희망은 절망을 품고 있고, 절망은 희망을 품고 있다. 당신이 희망으로 행복하다면 그것이 절망으로 변할 수 있다는 것을, 당신이 절망으로 신음한다면 그것이 희망으로 변할 수

있다는 것을 알아야 한다. 물론 그런 변화의 주체는 바로 당신이다.

🎵 **절망의 해독제는 행동이다.**[35] _미국의 저항 가수 조안 바에즈

사실 인류 역사를 살펴보면, 절망 끝에 행동이 나온다는 걸 잘 알 수 있다. 그래서 혁명에까지 이르게 되는 것이다. 행동이 나오지 않는다면, 절망을 덜 한 것이라는 말도 가능하다. 우리의 일상적 삶도 다를 게 없다. 행동한다고 해서 뭘 때려 부숴야 한다는 이야기가 아니다. 절망을 겪은 후 독한 의지의 추동을 받은 건설적 행동이 나올 수 있다. 그러니 절망이 무조건 나쁜 것만은 아니다.

3장

욕망이란
이름의 전차

시기심 |

      우리는 누가 나보다 잘 되면 비통해한다. 제대로 말하면 이것이 시기심이며 이 시기심은 언제나 죄악이다. _중세 신학자 토마스 아퀴나스

그러나 인간은 모든 사람을 다 시기하진 않는다. "인간은 능력이 따르지 않는 일은 이겨내려 노력하지 않는다. 그러므로 어떤 일에서 자신을 능가하는 사람은 시기하지 않는다. 반면 약간만 나은 경우에는 넘어설 수 없는 일로 보지 않아 시기한다."[1] 러시아에서 전해오는 다음 옛날이야기를 곱씹어보자.

우연히 마술램프를 발견한 농부가 램프를 문지르자 요정이 나타나 소원을 말하라고 한다. 농부는 "이웃집에 젖소가 한 마리 생겼는데 가족이 다 먹고도 남을 만큼 우유를 얻었고 결국 부자가 됐다"고 말한다. 그러자 요정이 물었다. "그럼 이웃집처럼 젖소를 한 마리 구해드릴까요? 아니면 두 마리라도?" 농부가 이렇게 대답한다. "아니, 이웃집 젖소를 죽여주면 좋겠어."[2]

∾ 시기심을 일으키는 것은 우리와 다른 사람들 사이의 커다란 불균형이 아니라 오히려 근접상태다.[3] __스코틀랜드 철학자 데이비드 흄

일반병사는 하사관을 시기할망정 장군을 시기하진 않는다. 1류 작가가 3류 작가를 시기하는 법도 없다. 같은 급의 작가를 시기한다. 흄은 이런 예를 들면서 불균형이 심하면 아예 시기를 할 관계가 성립되지 않는다고 말한다. 흄과 거의 동시대인인 영국 사상가 버나드 맨더빌Bernard Mandeville도 "만일 걸어가야 하는 사람이 여섯 마리의 말이 끄는 마차를 타고 가는 사람을 부러워할 경우, 4두마차를 탄 사람이 6두마차를 타고 가는 사람에게 느끼는 시기심보다는 강도가 약하다"고 말했다.[4]

∾ 협동이 증가하면 시기심은 줄어들고, 반대로 경쟁이 늘어나면 시기심이 더 커진다. __영국 철학자 버트런드 러셀

시기심은 자본주의 경쟁과 분리할 수 없는 것이다. 미국·영국·멕시코 어린이들을 대상으로 한 실험 결과에 따르면, 미국·영국 아이들은 멕시코 아이들과는 달리 보상이 없는 경우에도 경쟁을 선호했는데 그 이유는 바로 시기심이었다. 왜 친구들의 장난감을 빼앗느냐는 질문에

미국·영국 아이들은 "다른 아이들이 장난감을 가질 수 없도록 하기 위해서!"라고 답했다고 한다.[5] 자본주의의 엔진은 시기심인 건가?

   ❧ 사회적 평등을 내거는 투쟁이란 시기하는 자들이 다른 사람들의 재산을 훔치는 행위다. __경제학자 프리드리히 하이에크

좀 심하다. 하이에크의 대선배인 애덤 스미스가 한결 낫다. 스미스는 부자들에게 '행복을 절제'하기를 권장했다. 가난한 사람들에게 행복을 과시함으로써 그들의 시기심을 자극하지 말라는 뜻이었다.[6] 부동산 투기는 부자를 더 부자로 만들어주고 가난한 사람을 더 가난하게 만든다. 이런 경우 가난한 사람이 부자들에 대해 갖는 반감도 시기심일까? 그 어떤 정당한 반감도 시기심으로 일축되어야 하는 걸까?

   ❧ 스위스인들이 행복한 건 다른 사람들에게 시기심을 불러일으키지 않으려고 수단과 방법을 가리지 않기 때문이다.[7] __미국 저널리스트 에릭 와이너

와이너가 『행복의 지도』(2008)란 책에서 스위스 여행에서 만난 스위스인의 말을 소개한 것이다. 스위스인들

은 시기심이 행복의 커다란 적이라는 사실을 본능적으로 알기 때문에 무슨 수를 써서라도 시기심을 짓밟아버리려고 한다는 것이다. 한 스위스인은 이렇게 말했다고 한다. "자신에게 지나치게 밝은 조명을 비추지 말자는 것이 우리의 사고방식이에요. 그랬다가는 총에 맞을 수도 있으니까요." 그거 참 재미있다. 한국엔 성공을 뻐기는 맛, 즉 남의 시기심을 불러일으키는 데서 행복감을 느끼는 사람들이 많은데 말이다.

> ∽ 시기심이 없다면 인류는 좋은 의미건 나쁜 의미건 이렇게 눈부신 발전을 이루지 못했을 것이다.[8] __독일 저널리스트 클라우스 페터 지몬

『감정을 읽는 시간』(2013)이란 책에 나오는 말인데, 수많은 학자들이 내린 결론이라며 소개한 것이다. 그의 말마따나 시기심은 모든 문화권에서 나타나고, 많건 적건 모든 사회 구성원에게서 목격되는 보편적인 현상이다. 시기심은 우리 인간의 속성이라는 이야긴데, 그렇다면 자본주의는 그 속성에 가장 친화적인 제도라는 걸까?

한국인은 평등주의 성향이 강한 만큼 시기심도 강하다

고 볼 수 있는데, 그건 두 얼굴을 갖고 있다. 강한 시기심으로 인한 사회적 부작용도 만만치 않지만, 그건 동시에 한국인의 무한한 도전정신을 일깨워준 엄청난 무형 자원이기도 했다.[9] 시기심은 척결이나 부정의 대상이 아니라 관리와 통제의 대상으로 보는 것이 옳겠다.

탐욕 |

❧ 탐욕은 시들지 않는 유일한 열정이다. __작자 미상

잘 알려진 격언이다. "모든 죄악들이 늙어도 탐욕은 청춘이다"는 말도 쓰인다. 다른 열정은 시간이 흐름에 따라 사그라들기 마련인데, 탐욕이라는 열정은 시들지 않을 뿐만 아니라 날이 갈수록 더욱 싱싱해진다. 탐욕을 시들게 할 제초제가 있는지 모르겠다.

❧ 탐욕과 행복은 서로 본 적이 없다. 그런데 어떻게 둘이 가까워질 수 있겠는가? __미국 정치가 벤자민 프랭클린

엄밀히 말하자면, 서로 본 적이 없는 건 아니다. 만나자마자 탐욕이 행복을 잡아먹어 버렸기 때문에 탐욕에 빠진 사람은 자신의 탐욕이 곧 행복이라고 믿는 게 아닐까?

❧ 사랑과 탐욕은 무엇인가를 소유하고자 하는 욕망이라는 같은 뿌리에서 비롯됐다.[10] __독일 철학자 프리드리히 빌헬름 니체

탐욕이 강한 사람이 아주 좋아할 말이다. "색욕과 탐욕은 동전의 양면과 같다"는 말이 있는데, 사랑을 색욕의 범주 안에 넣겠다는 것일까? 소유지향적인 사랑을 하는 사람들이 한번쯤 되새겨볼 만한 가치가 있는 아포리즘인 건 분명하다.

✎ 신은 우리 모두의 필요를 충족시켜주지만 단 한 사람의 탐욕도 만족시킬 수 없다.[11] __인도 정치가 마하트마 간디

"많이 가질수록 더 갖고 싶어진다"는 말이 있는데, 과연 우리 인간의 탐욕엔 끝이 없는 걸까? 그래서 "탐욕은 악의 뿌리다"는 말이 나온 걸까? 징그러울 정도로 강한 탐욕, 인간의 영원한 수수께끼다.

✎ 탐욕은 선하다. __영화 〈월스트리트〉

영화에서 주인공인 기업사냥꾼 고든 게코가 한 말이다. 실존 인물인 월스트리트의 유명한 기업사냥꾼 이반 보에스키Ivan F. Boesky라고 봐도 무방하다. 보에스키는 1986년 버클리대 경영대학원 졸업식 축사에서 "탐욕을 가져도 좋습니다. (…) 탐욕은 건전한 것입니다. 스스로 탐욕스럽다고 인정하면서도 자기 자신에 대해 편안함을

느낄 수 있습니다"라고 말했다.[12] 그가 입고 다닌 셔츠엔 이런 문구가 새겨져 있었다. "죽을 때 가장 많이 소유한 사람이 최후의 승리자다."[13] 살기 위해서 돈을 버는 것이 아니라 돈을 벌기 위해 사는 사람들이 나쁜 건 그들의 탐욕이라기보다는 자신들의 탐욕을 정당화하기 위해 "탐욕은 선하다"고 외쳐대는 프로파간다 때문이 아닐까?

❧　탐욕은 같은 인간으로서, 인류의 일원으로서 마땅히 가져야 할 연대의 끈을 끊어버리는 힘을 가지고 있다. ＿미국 작가 리처드 포스터

『심플 라이프Freedom of Simplicity』(2005)의 저자인 리처드 포스터의 말로, 그는 이렇게 더 자세히 이야기한다. "우리는 아무리 해도 결코 충분히 만족할 만한 부를 얻지 못할 것이다. 무엇보다 가장 안타까운 것은 멋진 차를 가지고, 화려한 파티를 즐기고, 넓은 개인 수영장을 갖추다 보면 이 사회의 민주주의와 도시의 빈곤층, 세계 각지에서 굶주리는 사람들에 대해서는 깡그리 잊어버리게 된다는 점이다."[14]

❧　탐욕이 7대 죄악(오만, 탐욕, 색욕, 분노, 시기, 식탐, 나

태) 중 하나로 꼽히는 까닭은 공동의 선을 위해서 노력하려는 우리의 의지를 좀먹기 때문이다. _미국 작가 벨 훅스

벨 훅스는 탐욕이 사람들 사이의 관계를 파괴한다는 걸 지적한다. "탐욕은 인간이 살아남기 위해 필요한 공동체 정신과 사람들 사이의 유대감을 파괴한다. 그것은 다른 사람의 관심과 필요는 무시하고 오로지 자신만의 욕구에 매달리게 만든다."[15]

탐욕 중에서 가장 나쁜 것은 권력욕이고 가장 선한 것은 성욕이다.[16] _작가 마광수

동의하지 않을 사람들도 많겠지만, 탐욕을 싸잡아 비판하기보다는 어떤 탐욕이냐를 따지는 게 중요하다는 점을 말해주는 명언으로 봐도 무방하겠다.

영국 인류지리학자 대니얼 돌링Daniel Dorling은 『불의란 무엇인가: 사회불평등을 지속시키는 다섯가지 거짓말』(2010)에서 불의를 떠받드는 5가지 원칙 중 4번째로 "탐욕은 좋은 것이다"를 꼽았다. 나머지 4개는 "엘리트주의는 효율적이다" "배제는 필수적이다" "편견은 자연스럽다" "절망은 불가피하다"이다.[17]

"만일 사회안전망이 제대로 확보되면 한국인의 탐욕은 80퍼센트 이상 줄어들 것이다." 심리학자 김태형이 『불안증폭사회』(2010)라는 책에서 한 말이다. 그는 탐욕을 자발적이고 적극적으로 추구하는 '능동적 탐욕'과 죽을까봐 무서워 어쩔 수 없이 추구하는 '수동적 탐욕'으로 나눈다. 그런데 한국인들은 "돈 없으면 죽는다!"거나 "돈이 없으면 사람대접 못 받는다!"는 강박관념에 근거한 수동적 탐욕을 갖고 있기 때문에 그렇다는 것이다.[18]

그런데 탐욕을 발전의 원동력으로 보는 사람들은 탐욕이 없거나 약한 사회를 원치 않는다는 게 문제다. 미국 실리콘밸리에서 통하는 '실리콘 자본주의'의 여러 계명 중 가장 중요한 것은 "탐욕과 허영은 부르주아 사회의 두 엔진이다"인데,[19] 실리콘밸리를 선망하는 사람들이 이 계명을 무시할 것 같진 않다.

경쟁 |

   미국인들은 경쟁을 신성시하며 경쟁 덕분에 우리가 사회주의자들처럼 가난하지 않다고 말한다. __실리콘밸리 투자가 피터 틸

  그러나 피터 틸은 또한 "자본주의와 경쟁은 서로 상극이다"고 말한다. "자본주의는 자본의 축적을 전제로 하고 있지만, 완전경쟁하에서는 경쟁을 통해 모든 이윤이 사라져버린다. 따라서 기업가들이 명심해야 할 사항은 분명하다. '지속적인 가치를 창출하고 또 보유하고 싶다면, 차별화되지 않는 제품으로 회사를 차리지 마라.'"[20]

  물론 현실은 꼭 그렇지 않다. 덩치가 큰 기업들에겐 다른 대안이 있다. 독과점이다. 미국 언론인이자 역사학자인 토머스 프랭크Thomas Frank는 "기업인이라면 누구나 독과점이야말로 오늘날 성공에 이르는 길임을 알고 있다"고 말한다. "그들은 '경쟁이란 패배자들이나 하는 것이다'라고 이야기한다. 독점을 통한 시장지배력을 이용할 계획이 없는 한 당신의 신생 벤처 기업이 벤처 자본의 관심

을 끄는 일은 절대로 없을 터이다."[21]

   ❧   초경쟁의 원칙은 경쟁자가 나를 파괴하기 전에 경쟁자를 파괴하는 것이다.[22] __미국 경영학자 리처드 다베니

『초경쟁Hypercompetition』(1994)에서 다베니가 한 말이다. 초경쟁은 경쟁의 끝장, 아니 막장에 도달한 경쟁을 말한다. 지금 우리는 그런 초경쟁의 시대에 살고 있다. 이게 과연 피할 수 없는 자연의 법칙일까? 결코 그렇지 않지만, 우리는 그런 경쟁의 대열에 참전하는 것 이외엔 다른 생각을 하지 못하면서 살아가고 있는 게 현실이다.

   ❧   초경쟁적인 사람들은 다른 누군가가 패배해야만 성취감을 느낄 수 있다. __영국 저널리스트 마거릿 헤퍼넌

『경쟁의 배신: 경쟁은 누구도 승자로 만들지 않는다』(2014)의 한 대목이다. 여기서 헤퍼넌은 "초경쟁적인 사람들은 부적절한 상황에서도 경쟁을 하려 든다. 이들에게는 모든 사회적 만남이 권력, 통제력, 지배권을 얻거나 잃을 기회로 여겨지기 때문이다"[23]고 말한다. 누가 이들을 이렇게 만들었을까? 초경쟁적인 사람들을 높게 평가하면서 우러러보는 게 아니라 불쌍하게 여기면서 동정하

는 문화가 확산되면 좀 달라질 수 있지 않을까? 너무 바보 같은 생각일까?

       인생을 경쟁과 비교의 연속이라 본다면 기쁨은 순간일 뿐 삶의 대부분을 고통에 사로잡혀 살아갈 수밖에 없다.[24]

__미국 심리학자 일레인 아론

『사랑받을 권리』(2010)에 나오는 말이다. 경쟁과 비교엔 끝이 없기 때문에 그런 일이 벌어진다. 그런 끝없는 게임이 살맛을 나게 해준다며 경쟁과 비교를 즐기는 사람들도 있다곤 하지만, 그건 가진 자의 여유이거나 오만이다. 경쟁의 가치와 장점을 부정할 순 없지만, 해도 정도껏 하는 게 좋지 않을까?

하지만 정반대의 경우도 문제다. 아론에 따르면, 경쟁에 의한 '순위 매기기ranking'는 곧 패배의 가능성을 야기하기 때문에, 이걸 두려워하는 사람들은 이른바 '경쟁에서 빠지기' 방어기제를 사용한다. 이 방어기제를 사용하는 사람들은 "다른 사람들이 어떻게 생각하는지는 신경 쓰지 않아"라거나 "공을 인정받고 싶어서 하는 게 아니야. 그냥 사람들에게 도움을 주고 싶을 뿐이지"라고 말할 가능성이 높다. 어떤 상황에선 그런 태도가 별 문제가 되지 않을 수도 있지만, 조직의 리더가 그런 자세를 취한다면 어떻게 될까?

아론은 "모든 경쟁을 부인함으로써 낮은 지위나 위치를 암묵적으로 받아들이는 사람에게 권력이 주어진다면 심각한 문제가 발생할 수 있다."고 말한다. 사실 우리는 이런 유형의 사람들을 주변에서 쉽게 접할 수 있다. 어떤 조직에 내부 갈등이 일어났다고 가정해보자. 조직의 책임자인데도 권한 행사를 일종의 경쟁으로 간주해 '경쟁에서 빠지기' 방어기제를 사용함으로써 갈등을 증폭시키는 사람 말이다. 이런 사람은 가정에서도 찾아볼 수 있다. 아들이 망나니 짓을 해도 꼼짝하지 못하고 당하기만 하는 아버지가 바로 그런 경우다.[25]

경쟁에 관한 한 한국도 미국 못지않다. 입시경쟁, 아니 입시전쟁의 치열함은 세계 최고인데, 그렇게 경쟁을 내면화한 학생들이 그 어느 영역에서건 경쟁을 마다하겠는가? "지구상 어디에도 우리처럼 가혹한 경쟁이 어린 학생들의 영혼에 깊은 상처를 남기는 곳은 없다." 중앙대 교수 김누리가 2018년 「경쟁, 야만의 다른 이름」이라는 제목의 칼럼에서 한 말이다. "한국에선 열등감이 없는 사람을 보기 어렵다. 세상 사람들이 부러워하는 판검사, 의

사, 교수도 예외가 아니다. 끝없는 경쟁의 수직적 위계 속에서 언제나 누군가가 '내 위에' 있다고 느끼는 것이다. 한국 사회를 특징짓는 '오만과 모멸의 구조'(김우창)는 바로 여기서 생겨난 것이다."[26]

경영혁신 전문가 전옥표는 『착한 경쟁: 경쟁의 관점을 바꾸는 현명한 지혜』(2015)에서 '착한 경쟁'의 가능성을 제시한다. "경쟁을 통해 승자와 패자가 나오는 것은 경쟁의 속성이 지닌 기본 원리다. 그러나 '누구보다 더 잘나고 뛰어난 나'가 아닌 이전의 나보다 나아지는 것을 목표로 삼으면 경쟁의 양상은 조금 달라진다. 스스로 이전보다 더 나아지기 위해 노력하는 경쟁, 내가 패배했다면 현실을 겸허하게 받아들이고 승자에게 박수를 보낼 수 있는 경쟁을 해야 한다."[27]

그렇게 되길 간절히 바라지만, '승자 독식' 체제하에서 '착한 경쟁'은 가능하지 않다. 악한 경쟁은 '승자 독식'의 증상일 뿐 원인은 아니다. 경쟁의 결과에 대한 기존 보상 체제와 구조를 바꿔야 한다. 그런데 우리는 여기엔 별 관심을 기울이지 않고 경쟁의 공정성에만 집착한다. 학력·학벌주의의 문제는 임금 격차와 직결되는 문제임에도 우리는 '교육'과 '노동'을 분리해 생각함으로써 문제를 오히려 악화시킨다. 문제 해결의 출발점은 교육부와 노동부의 통합이 아닌지 모르겠다.

돈 |

    ❧   돈은 만악의 근원이다. —속담

  이 속담은 본래 "돈을 사랑함이 일만 악의 뿌리가 되나니"라는 『신약성서』「디모데전서」 6장 10절에서 유래했다. 이에 영국 작가 조지 버나드 쇼는 "돈이 없는 게 만악의 근원이다"고 반박했다.[28]

    ❧   인간의 삶에서 가장 암울한 시간은 돈을 벌 생각은 않고 돈을 얻을 궁리만 하느라고 죽치고 앉아 있을 때다. —미국 신문 발행인 호레이스 그릴리

  좋은 말이긴 하지만, 누군들 그러고 싶어서 그렇겠는가? 돈을 벌 생각을 해도 방법이 영 마땅치 않아서 그러는 것일지도 모른다. 돈에 관한 속담이나 격언들 중엔 사실상 '돈을 무시하라'는 식으로 위선적인 게 너무 많다. 그런 위선보다 낫기는 하지만, 돈이 많은 사람들은 돈 없는 사람의 고충을 이해하는 데 무능한 경향이 있는 것 같다.

✌ 편안하게 죽기 위해선 많은 돈이 필요하다.[29] _영국 작가 새뮤얼 버틀러

고령화 시대에 접어든 요즘 한국에서 가장 많이 떠도는 말일 것 같다. 모든 사람은 죽지만, 죽음의 방식엔 큰 차이가 있다. 어떤 사람들은 편안하게 죽고 어떤 사람들은 전혀 편안치 못하게 죽는다. "어차피 똑같이 죽는 건데 뭘"이라고 의연하게 생각하면, 많은 돈이 필요할 것도 없겠지만, 어디 사람 마음이 그런가?

✌ 돈은 가치들을 같은 수준에 놓음으로써 가장 격이 떨어지는 가치와 가장 고귀한 가치의 차이를 무화시킨다. _독일 사회학자 게오르크 지멜

미국 사회학자 토드 기틀린은 지멜의 이런 주장에 기대 "돈은 냉소주의를 가르치는 학교다"고 주장한다. 그는 우리 시대에 화폐가 가치의 척도로 기능하는 현상은 "그녀는 평범하다She's a dime a dozen" "그는 실패자다He's a loser" "싼 게 비지떡You get what you pay for" "백만장자처럼 아주 만족한다I feel like a million bucks"와 같은 표현들에 잘 나타난다고 말한다.[30] 우리는 "돈이 말한다(돈이 좌지우지한다)Money talks"는 말이 실감나는 세상에 살고 있는 것이다.

미국 저널리스트 헨리 루이스 멩켄Henry Louis Mencken은 "돈의 가장 중요한 가치는 우리가 돈이 과대평가되는 세상에 살고 있다는 사실에서 비롯된다"고 했고, 영국 작가 올더스 헉슬리는 "돈이 말을 할 뿐만 아니라 침묵도 가능케 한다"고 했으며, 미국 정치가 마크 그린Mark J. Green 은 "돈으로 행복을 살 순 없지만 권력은 살 수 있다"고 했다.[31]

❧ 돈은 섹스와 같다. 없으면 오직 그것만 생각하지만 있으면 딴 걸 생각한다. __미국 작가 제임스 볼드윈

자신의 섹스 취향을 너무 일반화시킨 건 아닌가 하는 의문은 들지만, 일리는 있다는 생각이 든다. 생각이라는 게 참 묘해서 돈이건 그 무엇이건 집중해 생각하면 할수록 그것만 생각하게 되니 말이다. 딴 생각을 해보는 것, 그건 쉽지 않은 일이겠지만 시도는 해볼 만하다.

❧ 돈은 언제나 충분하지 않다. 왜냐하면 '충분하다'라는 개념이 돈에는 논리적으로 적용되지 않기 때문이다.[32] __영국 역사학자 로버트 스키델스키

하긴 부자들에게 물어보라. 이제 충분할 만큼 돈을 가

졌다고 말하는 사람은 단 한 명도 없을 게다. 부자들의 인생관은 늘 '보다 더 높고 많은 곳을 향하여'이니까 말이다.

⚬ 돈에 대한 생각을 하지 않는 유일한 방법은 돈을 실컷 갖는 것이다.[33] __미국 제45대 대통령 도널드 트럼프

실컷 갖는 건 좋은데, 트럼프의 축재 방법엔 구린 구석이 많았다. 그가 쓴 자기계발서들엔 미국의 이혼율이 58%임을 상기시키면서 "혼전계약서를 작성하라"는 글이 빠짐 없이 들어가 있다. 예컨대, 이런 식이다. "이혼 소송을 겪은 당사자들은 이 세상에서 가장 악랄한 사람이 누구냐는 질문을 받으면 아마도 전 남편, 혹은 전 아내라고 말할 것이다. 이와 같은 돌발적인 상황으로부터 당신 자신과 당신의 사업을 지키고자 한다면 혼전계약서를 작성하라. (…) 혼전계약서를 작성하지 않았더라면 오늘의 나는 존재하지 않았을 것이다. 분명히 모든 것을 잃고 빈털터리가 되었을 것이다."[34] 이런 걸 책으로까지 써내다니, 트럼프의 정신 상태가 좀 오묘하지 않은가?

⚬ 돈이란 자신을 맹목적으로 떠받드는 자들을 제멋대

로 농락하는 잔혹한 신이다.[35] __프랑스 철학자 베르트랑 베르줄리

　베르줄리의 『행복 생각』(2002)이라는 책에 나오는 말이다. 돈과 깊은 관계를 맺으면 바로 그 돈에 얽매이게 됨으로써 소유하는 자가 마침내 소유당하는 신세로 전락한다는 것이다. 1970년대 후반 광신적 공산주의가 지배하던 캄보디아에서는 모든 돈을 없애버리려고 했었다. 그런 광신의 소용돌이로 인해 엄청나게 많은 사람들이 학살당하는 비극이 일어났으니, 이거야말로 돈이라는 잔혹한 신보다 훨씬 더 잔혹한 광기였다. 돈을 어떻게 여기건 돈을 우상으로 여기는 광기만큼은 피해야 할 텐데, 현세상이 과연 그렇게 하고 있는 걸까?

　　돈은 준엄하다. 삶을 포기한 자가 아니면 어떻게 돈 무서운 줄 모르나.[36] __소설가 김훈

　『밥벌이의 지겨움』(2003)의 한 대목이다. 그는 돈을 사랑하진 않지만 절대 잊을 수 없는 처지였다고 말한다. 그래서 돈을 우습게 보는 사람은 그 사람이 더 우습게 보인다는 것이다. 맞다. 돈으로 고통받는 사람에게 돈은 정말 무섭고 준엄한 것이다. 사실 고상한 사람들이 "돈으로 행복을 살 수 없다"고 말하면 짜증이 좀 난다. 그런 사람들

은 "돈이 없으면 삶이 비참해진다"는 말은 하지 않는다. 돈 많은 부자들이 그런 고상한 말을 듣고 고상해질 것도 아닌데 말이다.

만족 |

❧ 불만은 영혼을 어지럽게 풀어헤치며 영혼이 길을 잃게 만든다. _영국 청교도 성직자 토머스 왓슨

『성스러운 만족의 기술The Art of Divine Contentment』에서 토머스 왓슨이 한 말이다. 그는 "불만은 사람을 초조하게 만드는 기질이며, 뇌를 말리고 영혼을 낭비하고 삶의 안락을 허물어뜨리고 삼켜버린다"고 주장했다.[37] 300여 년 전의 청교도다운 말이라고 할 수 있겠다. 물론 오늘날엔 만족하지 말라는 명언들이 훨씬 더 많다.

❧ 어떤 사람에게 원하는 모든 것을 다 줘보라. 바로 그 순간 모든 것이 아무것도 아니게 될 것이다.[38] _독일 철학자 임마누엘 칸트

만족의 불가능성에 대한 명언이라 할 수 있겠지만, 분명한 건 "어떤 사람에게 원하는 모든 것을 다 줘보라"는 말은 현실적으로 실현될 수 없다는 점이다. 그러니 하나마나한 말이다.

❧ 만족하는 사람은 가만히 앉아 아무것도 하지 않는다. 만족하지 못하는 사람들이 세계를 위해 기여하는 은인이다.

＿영국 작가 월터 새비지 랜더

❧ 만족하는 돼지보다는 불만족하는 인간이 더 낫고 만족하는 바보보다는 불만족하는 소크라테스가 더 낫다. ＿

영국 철학자 존 스튜어트 밀

흔히 "만족하는 돼지보단 불만족하는 소크라테스가 낫다"거나 "배부른 돼지보단 배고픈 소크라테스가 낫다"는 명언이 떠돌지만, 이건 밀의 말을 축약한 것으로 오해의 소지가 있다.[39]

❧ 완전히 만족하는 사람을 내게 보여주면, 나는 실패가 무엇인지 보여주마. ＿미국 발명가 토머스 에디슨

"필요는 발명의 어머니"라는 말이 있는데, 그 필요는 바로 불만족에서 비롯된다. 에디슨의 강렬한 발명 의지는 높이 평가할 만하지만, 우리 인생에선 만족과 불만족을 실패와 성공의 관점에서 보지 않는 게 좋을 것 같다. 중단없는 전진을 외치는 무시무시한 탐욕을 가진 사람이 작은 행복에 만족해하는 사람보다 나은 사람이라고 말할 수는 없기 때문이다.

❦ 부족한 게 있다면 살아갈 이유가 있는 것이다. 만족이 곧 죽음이다. __영국 작가 조지 버나드 쇼

"사람이 편안해지면 성취 욕구가 적어진다"거나 "쉽게 만족하면 성공하기 어렵다"는 말이 있다.[40] 그런 좋은 뜻으로 해석하면 되겠지만, "만족이 곧 죽음"이라는 과장법을 곧이곧대로 믿을 일은 아니다. 사람에 따라선 "불만족이 곧 죽음"이기도 하니까 말이다.

❦ 늘 들떠 있고 불만족스러워하고 저항하라. 어떤 습관이 익숙해지면 그것을 박살내라! 최악의 죄악은 만족이다. __그리스 작가 니코스 카잔차키스

누구는 "만족이 곧 죽음"이라더니, 이젠 "만족은 최악의 죄악"이라는 말까지 나온다. 모두 다 좋은 뜻으로 하는 말임을 왜 모르겠는가? 하지만 이거 하나만큼은 우리 모두 알아두는 게 좋을 것 같다. 만족을 비판하는 사람들은 한결같이 자기 분야에서 크게 성공한 사람들이다. 즉, 그들은 만족하지 않았기 때문에 그 위치에 오를 수 있었다는 자신의 경험담을 일반적인 진리인 것처럼 이야기하고 있는 셈이다. 이런 이야기들은 좋은 점만 취하되 너무 빠져들지는 않는 게 좋을 것 같다.

✍ 불만은 비참함이 견딜 만할 때, 상황이 개선되어 어떤 이상적인 상태에 도달할 수 있을 것처럼 느껴지는 시점에 최고조에 이르는 것으로 보인다. __미국 작가 에릭 호퍼

불평불만은 문제가 시정될 수 있을 것 같을 때 가장 신랄하다는 것이다. 실제로 19세기 프랑스 사상가 알렉시스 드 토크빌은 혁명 전 프랑스 사회를 연구하다가 "1789년 혁명 이후에는 프랑스의 국가적 번영이 1789년 혁명 전 20년 동안보다 더 빠르게 증가된 시기가 단 한 차례도 없었다"며 "프랑스인들은 처지가 좋아질수록 더 못 견디겠다고 생각한다"는 결론을 내렸다.[41]

호퍼는 또한 "불만은 아무것도 가진 게 없어 조금이라도 원할 때보다는 많은 것을 가졌고 더 많은 것을 원할 때 커진다. 부족한 것이 하나뿐인 것 같을 때보다 많은 것이 부족할 때 불만을 덜 느끼는 법이다"고 말했다.[42] 아주 날카로운 지적이다. 만족과 불만족은 심리적인 현상이라는 사실을 깨닫는 것은 우리가 불만족을 대처하는 데 큰 도움이 된다. 웃자고 말하자면, 어느 한가지가 없을 때엔 이미 있는 다른 것들도 없애버리는 게 좋겠다. 만족할 수는 없지만, 덜 불만족스러워하게 될 게 아닌가.

✏ 미국인들에 있어서 비극은 무엇인가를 간절히 바라는데도 그것을 얻지 못하는 때이다. __미국 정치가 헨리 키신저

미국 국무장관을 지낸 키신저의 이 말은 이렇게 이어진다. "많은 사람들은 자신의 개인적 삶을 통해서, 또 많은 국가들은 자국의 역사적 경험을 통해서 가장 나쁜 형태의 비극은, 무엇인가를 간절히 원하여 그것을 얻었다가 그것이 공허하다는 사실을 깨닫는 것이라는 점을 배워야 한다."[43]

"우리가 좋아하는 걸 얻을 수 없기 때문에 우리가 얻을 수 있는 걸 좋아하도록 하자"는 말은 어떤가? 농담 같은 격언이지만, 행복의 비결을 담고 있다. "모자라도 없는 것보다는 낫다"는 속담이 시사하는 긍정적 사고와 맥을 같이한다. 이는 '포기'라기보다는 '발상의 전환'으로 이해할 필요가 있다. 욕망엔 끝이 없기 때문에 욕망의 방향을 전환함으로써 욕망을 나의 완전한 통제하에 두는 것, 재미있지 않은가?

4장

삶이 그대를
속일지라도

믿음 |

    자기 자신에 대한 정신적 충실은 행복의 필요조건이다. 불충실이란 어떤 것을 믿거나 믿지 않는 것이 아니라, 자기가 믿지 않는 것을 믿는다고 고백하는 것이다.[1] _미국 독립운동가 토머스 페인

1776년에 발간한 『상식』이라는 소책자 하나로 미국독립운동의 영웅이 된 페인다운 주장이지만, 그의 강한 믿음은 과유불급過猶不及의 비극을 초래하고 말았다.

페인은 아무리 대담한 애국자라도 '식민지연합United Colonies'이라고 말하던 시절에 '아메리카 합중국United States of America'이라는 이름을 처음 사용한 인물이었다. 그는 "최소한으로 통치하는 정부가 최고의 정부다"거나 "지금은 인간의 영혼을 시험하는 시대다"와 같은 명언을 남기기도 했다.[2] 이렇게 앞서갔던 게 문제였을까?

『상식』은 엄청난 성공에도 불구하고 이렇다 할 배경이 전혀 없었던 페인을 공적인 위치에 올려놓지 못했다. 그는 일반 보병으로 전쟁에 참전했고, 전쟁이 끝난 뒤엔 아

무런 역할도 부여받지 못했다. 그는 프랑스로 건너가 영국을 넘나들며 미국혁명을 유럽에까지 수출하는 일에 발 벗고 나섰다. 페인은 1797년 프랑스가 영국에 전쟁을 걸어서 영국 국민을 해방시켜야 한다고 주장했으며, 1798년엔 미국의 공화주의자들에게도 화가 나 프랑스의 한 신문에 미국 침공을 위한 계획까지 발표했다.

이게 이제부터 그가 겪게 될 진짜 비극의 출발이었다. 감히 종교를 비판한데다 미국 침공을 주장하다니! 페인은 미국에서 애국자의 지위를 박탈당했다. 미국 침공보다는 종교 비판이 더 큰 이유였던 것 같다. 그는 '비열하고 더럽고 추악한 무신론자'로 비난을 받았다. 페인이 1802년에 미국으로 돌아왔을 때 그는 뉴저지의 마차 마부로부터 승차를 거부당했다. 마부는 그의 마차와 말이 번갯불을 맞은 적이 있다면서 그런 일이 또 다시 벌어지는 모험을 하고 싶지 않다고 말했다.[3]

페인은 빈곤과 고독 속에서 1809년에 죽었다. 페인은 죽은 지 얼마 지나지 않아 뉴욕 뉴로셸New Rochelle의 한 여인숙에서 옛 친구에게 발견되었다. 누더기를 입은 채 '가장 고약한 냄새'를 풍기고 3년 동안 손톱을 깎지 않은 상태였다. 그는 한때 미국 혁명의 영웅이었건만 배경이 없고, 미국 침공을 주장했고, 신을 의심했다는 이유로 그런 비참한 말로를 맞은 것이다.[4] 이와 관련, 헨드릭 빌렘 반 룬Hendrik Willem van Loon은 이런 명언을 남겼다. "공적公的인 불관용의 광기가 다하면 그 즉시 사적私的인 불관용이 시작되고, 관官이 처형을 그치면 린치가 시작된다."[5]

   위대한 일을 이루려면 행동할 뿐만 아니라 꿈을 꿔야 하며, 계획할 뿐만 아니라 믿어야 한다. __프랑스 시인 아나톨 프랑스

이와 비슷하게 러시아 작가 안톤 체호프는 "사람은 스스로 믿는 대로 된다Man is what he believes"고 했는데, 이런 취지의 명언들은 무수히 많다. "스스로 믿으면 현실이 된다You are what you believe"거나 "믿음이 현실이다Belief is reality"는 격언도 있다. 모두 다 자기계발 전문가들이 즐겨 쓰는 말들인데, 믿어도 정도껏 믿는 게 좋을 것 같다.

   인간은 불가능한 것을 믿을 수 있어도 그럴 듯하지 않은 것은 믿을 수 없다. __영국 작가 오스카 와일드

그럴 듯하지 않은 것은 이성의 판단 영역인 반면 불가능한 것은 감정의 판단 영역이기에 벌어지는 일이다. 버

트런드 러셀도 비슷한 말을 했다. "증거가 있으면 그 누구도 신앙을 말하지 않는다. 우리는 2 더하기 2는 4라거나 지구는 둥글다는 걸 신앙이라고 말하지 않는다. 우리는 증거를 감정으로 대체하고 싶을 때에만 신앙을 말할 뿐이다."[6] 그 어떤 믿음이건 믿음은 따지면 안 된다. 무조건 믿어야 한다.

✎   믿음을 갖기 위해선 용기가 필요하다. 이 용기는 위험을 감수할 수 있는 능력인 동시에 심지어 고통과 실망을 받아들일 수 있는 준비를 말한다.[7] __미국 사상가 에리히 프롬

프롬은 "자신을 믿는 사람만이 다른 사람들에게 성실할 수 있다"는 말도 했다. 어떻게 해서건 믿음을 이성의 영역으로 끌어들이려고 애를 많이 쓰고 있지만, 이런 이성적인 믿음은 날이 갈수록 희소해져 가고 있다.

✎   민주적 생활방식은 인간 대중에 대한 믿음에 근거하고 있지만, 인민에 대한 믿음을 갖고 있는 민주주의 지도자는 매우 드물다. 오히려 우리의 민주적 생활방식은 인간에 대한 인간의 두려움으로 가득 차 있다. 권력을 가진 소수는 다수를 두려워하고, 다수는 상호 불신한다.[8] __미국 급진빈민운동

아닌 게 아니라 날이 갈수록 상호 믿음은 희소한 자원이 되어 가고 있는 세상이다. "'나 이외에는 믿을 수 없다'가 '아무것도 믿을 수 없다'로 이어졌을 때 이를 견디지 못하는 사람들의 심리가 '무언가를 믿고 싶다' '이것만은 믿고 싶다' '믿고 싶으니 믿는다'로 변해간다고 해도 결코 이상하지 않다."[9] 한국계 일본 정치학자 강상중이 『악의 시대를 건너는 힘』(2015)이란 책에서 한 말이다.

강상중은 여기에 또 다른 종류의 악, 즉 원리주의나 그것과 표리관계에 있는 반지성주의가 검은 입을 열고 우리를 삼키려 하고 있다고 말한다. 인간은 믿음 없인 살 수 없는 동물이기에 그런 일들이 벌어지나 보다. 좀 우습지 않나? 아무것도 믿을 수 없다는 사람이 그 대안으로 자신이 믿고 싶은 그 무언가를 찾아 광신의 열정을 바친다는 게 말이다. 그러느니 평소에 조금씩이라도 믿음의 범위를 넓혀나가는 게 좋지 않을까?

신뢰 |

∽ 신뢰받는 것이 사랑받는 것보다 더 큰 선물이다. __
스코틀랜드 작가 조지 맥도널드

∽ 사람을 믿지 않는 사람보다는 믿는 사람이 실수가
더 적을 것이다. __이탈리아 정치가 카미오 디 카부르

∽ 상호 신뢰가 없는 리더십은 말 자체가 모순이다.[10]
__미국 리더십 전문가 워런 베니스

∽ 신뢰는 리더십의 기초다. __미국 리더십 전문가 존 캘빈 맥스웰

∽ 사람들은 신뢰할수록 더 행복하다고 느낀다.[11] __국제
연합의 『세계행복보고서』(2013)

다 주옥같이 아름다운 말이지만, 미국 장로교 목사 프
랭크 크레인Frank Crane의 다음과 같은 말이 가장 현실적
인 평가가 아닐까 싶다. "너무 믿으면 속임을 당할 것이
요 충분히 믿지 않으면 근심하며 살아갈 것이다." 특히
개인적인 인간관계를 떠나 공적인 문제에 이르러선 더욱
그렇다.

✍ 신뢰는 어디서나 독재의 어버이이며, 자유로운 정부는 신뢰가 아닌 경계심에 기초하고 있다. __미국 제3대 대통령 토머스 제퍼슨

신뢰만큼 아름다운 게 없을 것 같은데, 이게 웬말인가. 권력에 대해서만큼은 예외라는 걸로 받아들이면 되겠다. 모든 걸 신뢰하더라도 권력만큼은 신뢰해선 안 된다는 게 바로 민주주의의 기본 원리다. 그래서 헌법은 권력의 법적 근거를 제공하기도 하지만, 권력 감시와 견제를 위한 각종 제한을 명문화한 게 아니겠는가.

권력을 가진 사람이나 기관은 "제발 나(우리)를 믿어달라"고 말해선 안 된다. 권력 감시와 견제는 인간관계의 문제가 아니라 권력의 속성에 관한 문제이기 때문이다. 권력을 가진 모든 사람이나 집단이 모든 걸 투명하게 공개하면서 신뢰를 쌓아가면 좋겠다. 공사 영역을 막론하고 신뢰는 결코 쉽지 않은 것이기에 수많은 자기계발 전문가들이 나서서 신뢰에 대해 꼭 한마디씩 하는 게 아닐까?

✍ 사람들과의 관계에서는 빠른 것이 느린 것이고, 느린 것이 빠른 것이다.[12] __미국 자기계발 전문가 스티븐 코비

베스트셀러 『성공하는 사람들의 8번째 습관』(2004)에서 한 말이다. 코비는 그 이유를 이렇게 덧붙인다.

"신뢰가 높을 때는 커뮤니케이션이 쉽고 즉각적으로 일어난다. 신뢰가 높을 때의 실수는 문제가 되지 않는다. 사람들은 말한다. '걱정마세요. 이해합니다.' '잊어버리세요. 당신이 무슨 말을 하는지 압니다.' 기교로는 그러한 신뢰를 얻을 수 없다. 어떤 의미에서 보면 가슴이 머리보다 중요하다. 뇌사 상태에서 심장은 박동을 계속할 수 있지만, 심장이 멎으면 생명은 끝이 난다. 신뢰의 속도만큼 빠른 것은 없다. 신뢰의 속도는 인터넷보다도 빠르다. 신뢰는 삶의 접착제이다. 조직, 문화, 관계를 이어주는 접착제이다. 모순되게도 신뢰는 느림에서 나온다."

미국의 세계적인 인터넷 쇼핑몰 기업인 이베이의 모태가 된 기본 컨셉은 시종일관 '신뢰가 살아 있는 커뮤니티'다. 현대인들의 전통적 커뮤니티에 대한 향수와 갈증을 상징적으로나마 충족시켜주겠다는 것이다. 1999년 이베이가 22시간 동안 사이트가 먹통이 된 사건이 발생했을 때 창업자인 피에르 오미디야르Pierre Omidyar는 신뢰를 잃지 않기 위해 상위 사용자 1만 명에게 일일이 전화해서 사과하고 다시는 이런 일이 일어나지 않을 거라고 안심을

시키도록 했다.[13]

오미디야르는 자신의 성공 비결을 "규칙은 적게 만들되, 정한 규칙은 반드시 지키자"는 말로 표현했다. 그렇게 해서 신뢰를 얻은 뒤에, 사람들이 자신의 잠재력을 충분히 발휘할 수 있는 환경을 창조함으로써 이베이에선 물건을 사고파는 것 말고도 무언가 일어나고 있다는 걸 보여줄 수 있었다는 것이다. 그래서 사람들은 "이베이가 인간에 대한 내 믿음을 다시 살렸어"라고 말할 수 있게 되었다나.[14] 물론 그렇게 좋게만 보기 어려운 점도 있지만, 신뢰가 기업경영의 핵심적인 자산이라는 건 분명한 사실이다.

✎ 신뢰의 속도만큼 빠른 것은 없다. 신뢰만큼 높은 수익을 가져다주는 것은 없다. 신뢰의 광범위한 영향만큼 파급력이 큰 것은 없다.[15] _스티븐 M. R. 코비

스티븐 코비의 아들인 스티븐 M. R. 코비가 『신뢰의 속도』(2006)에서 아버지를 흉내내 한 말이다. 예컨대, 인수합병시 실사 시간과 비용이 크게 절감되기 때문에 6개월이나 1년이 걸릴 일을 한 달 이내에 해치울 수도 있다. 미국 컬럼비아경영대학원 교수 존 휘트니John O. Whitney는

"불신은 거래비용을 두 배로 만든다"고 말한다.[16]

그거야 기업이 각자 알아서 해결할 문제지만, 정작 문제는 기업에 비해 문제 해결의 의지가 박약한 사회적 차원의 거래비용이다. 정치가 사회적 불신을 해소하는 데 기여하기는커녕 오히려 정반대로 그걸 부추겨가면서 그로 인해 조성된 적대관계에 기생하려고 드는 게 우리의 현실 아닌가? 우리는 집단적으로 행복으로부터 멀어지려고 발버둥치고 있는 건지도 모르겠다.

진실 |

◈ 인간은 고통스러운 진실보다는 번영하는 과오를 선호하기 쉽다. ⏤영국 작가 제레미 테일러

우리는 진실을 알고 싶다는 말을 자주하지만, 그 진실이 우리에게 고통을 안겨준다면 어찌 해야 할까? '불편한 진실'이라는 말이 널리 쓰이고 있는 것도 그런 일이 워낙 많이 일어나기 때문이다. 불편하거나 고통스럽다고 해서 진실을 비켜가는 게 과연 좋은 일인지 깊이 생각해볼 필요가 있겠다.

◈ 진실은 소설보다 기이하다. ⏤영국 시인 조지 바이런

바이런이 쓴 소설 『돈 후안Don Juan』(1823)에 나오는 말이다. 마크 트웨인은 자신은 세상 물정을 잘 안다는 듯 이렇게 말했다. "어떤 사람들에게 진실은 소설보다 더 기이하겠지만, 나는 어느 정도 그것에 익숙하다."[17] 믿을 수 없는, 믿고 싶지 않은 일들이 너무 많이 일어나는 세상인지라, 우리는 익숙을 강요당하는 것인지도 모르겠다.

✎　지속적인 도전을 받지 않는 진실은 결국 거짓으로 부풀려짐으로써 진실의 효과를 잃어버린다. __영국 철학자 존 스튜어트 밀

진실에 대한 과신이나 오만은 위험하다는 경고다. 하지만 우리는 실제 삶에선 이 경고를 자주 놓치곤 한다. 특히 진실이 도덕적 우월감이라는 외투를 입게 되면 나르시시즘의 수준으로까지 나아가게 된다. 나르시시즘은 외부의 도전을 차단할 뿐만 아니라 자기성찰도 어렵게 만든다. 혹 자신의 진실을 무기로 남에게 큰소리를 쳐본 적은 없는가? 진실이 늘 낮은 곳에 임해야 할 필요는 없겠지만, 낮은 곳에 머무를 때에 보석처럼 빛날 수 있다는 것도 분명한 사실이다.

✎　한 인간이 목숨을 바쳐 지킨 것이라고 해서 반드시 진실은 아니다. __영국 작가 오스카 와일드

진실이 뭔지 정말 어려운 것이라는 생각이 든다. 죽음도 마다않는 어떤 사람이 가장 소중하게 생각한 것은 진실이라기보다는 자신이나 자신이 아끼는 사람들의 명예일 수 있다. 목숨까지 바치면서 주장한 게 진실이 아닐 수도 있다니, 너무 안타깝지 않은가?

✤ 진실을 인식하는 것은 지능의 문제가 아니라 성품의 문제다. __미국 사상가 에리히 프롬

프롬은 "우리의 양자택일의 문제는 자본주의와 공산주의 사이의 문제가 아니라, 관료주의와 휴머니즘 사이의 문제"라고 단언하면서 그렇게 말했다. 그의 주장은 지나치게 근본주의적인 것으로 여겨지는 동시에, 관료주의와 휴머니즘이 과연 현실적인 양자택일의 문제인지에 대해선 선뜻 동의하기 어려워진다.

그러나 우리가 자꾸 '현실'이라고 말하고 강조하는 그 굴레가 우리를 관료주의적 삶의 체제에 자꾸 묶어놓는 건 아닌지 생각해볼 필요는 있겠다. 우리는 우리 자신이 소속된 조직과 집단을 너무 사랑하는 나머지 어느 정도는 이미 '조폭'이 돼 있는 건 아닐까? 우리 모두 자신이 몸 담고 있는 조직을 사랑하고 존중하되 조직의 부정과 불의조차 따르는 조직의 노예가 되지 않는 건 영영 기대하기 어려운 일일까? 지능이 아닌 성품의 문제로 판단할 일인 것 같다.

✤ 민주적 사회는 무엇이 진실인가 하는 것보다는 사람들이 무엇을 믿느냐에 더 많은 관심을 갖는 경향이 있다. __

그는 플라톤이 경고한 민주주의의 한 가지 위험은 '수사학rhetoric'이 '인식론epistemology'을 대체하거나 압도하는 것이었음을 상기시킨다. 즉 설득의 문제가 지식의 문제를 압도하게끔 허용하는 건 위험하다는 것이다.[18] 하지만 그럼에도 민주주의는 대중의 신뢰가 중요하기 때문에 설득 중심으로 나아가고 있다.

미국 정신의학자 마크 굴스턴은 진실에 관해 이렇게 말한다. "우리가 진실을 듣고 싶어하지 않는 이유는, 그것이 우리의 모든 면에 영향을 미칠까봐 두렵기 때문입니다. 내가 이 한가지에 대해 잘못했다면 다른 것도 다 잘못할 수 있다는 가능성을 세상에 알리는 것이니까요. 하지만 사람은 누구나 잘하는 것도 있고 못하는 것도 있습니다. 단점이 장점을 완전히 압도할 수는 없다는 사실을 받아들이면, 비판에 휘둘리지 않고 적절히 수용할 수 있습니다."[19]

ᴥ 우리가 100% 진실하게 대할 수 있는 사람은 오직 우리 자신뿐이다.[20] __프랑스 수필가 도미니크 로로

하지만 자신에게 진실하지 못한 사람들도 많다. 진실

은 늘 안개다. 이는 대중가요 가사에서도 잘 나타난다. 당신의 진실을 말해달라는 가사도 많지만 내 마음 나도 모른다는 가사도 많다.

진실은 자주 믿음과 충돌한다. 역사학자 김기봉은 "많은 사람이 믿는 허구는 진실이라는 말이 있다"며 "믿음은 합리적 사실은 아니지만 그 이상으로 진실효과를 발휘한다"고 말한다.[21] 오죽하면 영어권에선 'truthiness'라는 신조어까지 나왔을까? 이는 객관적 근거 없이 '사실로 믿고 싶은 것' 혹은 '그런 것을 믿는 행위'를 뜻하는 단어다. 실제 사실과 상관없이 자신이 진실이라고 믿고 싶은 것을 진실이라고 여기는 심리적 상태로, '진실스러움' '진실다움'으로 번역하기도 한다.[22] 진실할 수 없다면 진실다움이라도 보여달라는 시대적 요청에 따라 만들어진 말일까? 진실을 인식하는 것이 정녕 성품의 문제라면 우리의 집단적 성품은 디지털 혁명의 와중에 방황하면서 불신의 방향으로 나아가고 있는 건 아닐까?

거짓말 |

거짓말쟁이들이 진실을 말하더라도 사람들은 그 말을 믿지 않을 것이다. __그리스 철학자 아리스토텔레스

거짓말은 늘 신뢰의 문제와 결부된다. 니체는 "나를 화나게 하는 것은 당신이 내게 거짓말하는 것이 아니라, 내가 당신을 더 이상 믿을 수 없다는 것이다"고 했고,[23] 조지 버나드 쇼는 "거짓말쟁이에 대한 벌은 그가 신뢰받지 못하는 데 있는 게 아니라 그 자신이 누구도 믿을 수 없다는 데 있다"고 했다.

진실에 대한 평가는 말을 하는 사람에 대한 평판에 의해 좌우된다. 평소 진실하다는 평가를 받은 사람이 거짓말을 하더라도 사람들은 그 말을 믿을 것이다. 사실 사회적으로 더 위험한 건 이 두번째 경우다. 거짓말의 경계가 명확하지 않은 경우가 많기 때문에 더욱 그렇다. 거짓말에 가치평가가 스며들거나 자기 자신을 속이는 경우를 생각해보라.

이런 위험을 피하기 위해선 진실은 많은 경우 정치적

이라는 사실을 유념할 필요가 있겠다. 결국 진실은 인간을 상대로 한 게임이기에 감성마저 돌파해야 하는 엄청난 짐을 지고 있는 셈이다.

⁄ 거짓말을 한 사람은 좋은 기억력을 갖고 있어야 한다. __프랑스 작가 피에르 코네유

같은 취지의 말이 여럿 있다. "진실은 바보라도 말할 수 있지만, 거짓말을 잘 하기 위해선 센스가 좀 있어야 한다"는 영국 작가 새뮤얼 버틀러의 말이나 "우리는 다음에 우리가 처음에 말한 걸 기억해야 할 필요가 없게끔 사실에 전념해야 한다"는 미국 기업가 프랜시스 마리온 스미스의 말이 대표적이다.

⁄ 대단히 중요한 사안에서 가장 결정적인 요소는 진실성이 아니라 스타일이다. __영국 작가 오스카 와일드

독설가 오스카 와일드는 이런 명언도 남겼다. "아름다운 거짓을 말하는 것은 진정한 예술의 목표이다. 만약 거짓을 전달하는 것이 불가능하다면, 문학작품을 비롯한 수많은 예술의 세계는 존재하지 않을 것이다."[24]

✎ 　거짓말을 하면 억눌린 진실이 그 사람의 모든 구멍으로 새어 나온다.[25] __오스트리아 심리학자 지그문트 프로이트

✎ 　입으로는 거짓을 말해도 찡그리는 얼굴은 진실을 말한다.[26] __독일 프리드리히 빌헬름 니체

상대방의 말이 진실인지 거짓인지 의심할 필요가 없이 세상을 살아갈 수 있다면 얼마나 좋을까? 그러나 그런 세상은 결코 가능하지 않다. 정도와 빈도의 차이만 있을 뿐, 우리는 자주 상대방이 거짓말을 하는 건 아닌가 의심하면서 살아간다. 프로이트와 니체의 말들은 그들 나름의 거짓말 간파법이라고 할 수 있다.

세상을 살다 보면 상대방의 거짓말을 믿고 싶을 때가 있는 법이다. 진실을 아는 게 너무도 괴로운 일이라면 말이다. 미국 가수 팀 하딘Tim Hardin의 노래 〈믿을 만한 이유Reason to Believe〉는 부정을 저지른 자신의 연인을 앞에 두고 고통스러워하는 남자의 슬픈 마음을 묘사한다. 진실을 결코 알고 싶어하지 않는 남자는 여자의 얼굴을 제대로 보지 못한다. "내가 눈물을 흘릴 때 넌 안색 하나 변하지 않고 거짓말을 했지. 그래도 난 네 말을 믿을 이유를 찾고 있어."[27]

꒰ 거짓말하려는 경향은 무의식적이고 보편적이며 자연적인 경향이다.[28] _스위스 심리학자 장 피아제

꒰ 진화는 거짓말쟁이의 편이다. _미국 심리학자 마리안 라프랑스

누군가의 거짓말로 인해 고통받는 사람이라면 이렇게 거짓말은 인간의 본능에 가깝다는 걸 인정하는 게 좋을 것 같다. 라프랑스의 말을 더 들어보자. "심리학자들은 진화론적인 우위는 거짓말쟁이들에게 있다고 생각한다. 중요한 정보를 다른 이들에게서 숨기거나 빼돌릴 수 있다면 생존경쟁에서 살아남을 확률이 높기 때문이다. 먼 옛날 위장하거나 속이는 행동은 살아남고 적응한 반면, 거짓을 멀리하는 정직한 행동은 진화의 길에서 밀려났다."[29] 그렇다면, 거짓말은 우리의 숙명인 셈이다.

꒰ 습관적인 거짓말쟁이들은 대체로 자존감이 낮다. _미국 정신의학자 찰스 포드

『왜 뻔한 거짓말에 속을까』(1999)에서 찰스 포드는 "만약 자존감이 낮은 상태가 한동안 지속된다면, 마치 술이나 약물이 주는 느낌처럼 거짓말을 할 때마다 기분이 좋아질 것이다. 이러한 거짓말을 반복하게 되면 자신의 실

패를 다른 사람의 잘못으로 돌려 스스로 자존감을 높이거나, 환상에 의해 자신만의 성공 신화를 만들어내기도 한다"고 말한다.[30]

더 나아가 "'겸손한 거짓말'은 '과장된 거짓말'보다 알아차리기가 더 어렵다"며 이렇게 강조한다. "거짓말로 성공을 떠벌리는 것보다 거짓말로 실패했다고 하는 것이 더 쉽기 때문이다. 일반적으로 사람들은 상대방이 그의 성공에 대해 과장해서 거짓말을 하면, 자신과 비교하게 되어 도전의식이 생기거나 자극을 받는다. 그러한 거짓말이 때로는 경쟁 차원에서 위협적이기 때문이다. 반면 '겸손하게' 거짓말 하는 사람들은 위협적이지 않다. 그러나 이러한 거짓말도 자신에게 도움이 되기보다 결국 해가 됨을 유념해야 한다."[31]

진화가 거짓말쟁이의 편이라곤 하지만, 한 가지 위안은 있다. 고위 공직자나 유명 인사의 스캔들이 일어났을 때, 대중은 그 스캔들 못지않게 그걸 덮으려는 과정에서 나오는 거짓말에 분노한다는 점이다. 이는 사적 영역에서도 마찬가지다. 거짓말은 자주 사태를 악화시킨다. 거짓말을 하는 사람은 다른 사람이 속아 넘어가기를 바라겠지만, 그런 시도가 성공해서 얻는 이익과 실패했을 때

의 손실을 비교해보면 크게 남는 장사는 아니다. 그럼에
도 성공의 달콤한 유혹을 버리지 못한다. 그런 의미에서
거짓말은 도박이다. 그것도, 매우 위험한 도박이다.

기만 |

༄ 위에서 날마다 백성을 속인다면 백성이 어떻게 속임수를 쓰지 않을 수 있겠는가? 백성이 속이고 도둑질하는 것은 누구의 책임인가?[32] __고대 중국 사상가 장자

사기꾼이 많은 세상이라고 개탄하기 전에 크게 해처먹는 고등 사기꾼들은 누구인지 잘 살펴볼 일이다.

༄ 모든 사람들을 잠시 속일 수도 있고, 일부 사람들을 영원히 속일 수도 있지만, 모든 사람들을 영원히 속일 수는 없다.[33] __미국 제16대 대통령 에이브러햄 링컨

제발 그렇게 되기를 빌고 싶다. 역사는 '승자의 역사'인 만큼 한번 기록되면 그건 영원히 갈 가능성이 높으며, 우리의 일상적 삶에서도 그럴 가능성이 있다. 어떤 조직에서 '왕따'를 당한 사람은 그 조직의 모든 사람이 스스로 자신이 옳다고 자신을 속이기 때문에 억울함을 해소하는 게 어려워진다. 이게 과연 너무 극단적인 경우일까?

지금 이 순간에도 속기 위해 태어나는 사람들이 있다.[34] __

미국 '서커스의 제왕' P. T. 바넘

바넘은 '야바위의 왕자'이자 '흥행의 천재'라는 별명을 가지고 있었다. 그는 비슷한 취지의 말들을 많이 남겼다. "대부분의 사람을 대부분의 시간 동안 속일 수 있다." "사람들은 기만당하기를 좋아한다."[35] "미국 대중의 취향을 과소평가해서 손해 본 사람은 아무도 없다."[36] 흥미로운 건 대중은 그의 속임수에 속아 넘어가면서도 화를 내기는커녕 오히려 그걸 즐겼다는 점이다. 이런 기만이라면 얼마든지 당해도 좋겠다는 생각이 든다.

✎ 사람들은 당황할 때에 속아 넘어가기 쉽다. __미국 제
30대 대통령 캘빈 쿨리지

그러나 속이려는 사람들이 한사코 속이겠다고 달려들면 당황하지 않은 상황에서도 당하기 십상이다. 훗날 심리학자들의 여러 실험 결과는 남을 속이는 게 인간의 본능에 가까운 것이라는 걸 말해주고 있다.

조너선 하이트Jonathan Haidt는 "사람들은 남의 눈에 띄지 않고 또 발뺌의 여지만 있으면 대부분이 남을 속인다"며 "대부분은 남을 속인 후 실험실을 나가면서 애초 실험

실에 발을 들일 때와 똑같이 자신이 선한 사람이라 믿고 있었다"고 말한다.[37] 댄 애리얼리Dan Ariely의 결론도 비슷하다. "정직한 사람들도 기회만 주어지면 상당수가 남을 속이려 든다. 우리의 연구 결과를 보면, 나쁜 놈 몇이 보통사람들에게 피해를 주는 것이 아니었다. 그보다는 사람들 대다수가 남을 속이는 것으로 나타났고, 남을 속이는 것은 소소한 수준이었다."[38]

❧ 자기 자신을 속이지 못하면 남을 속일 수 있는 가능성도 낮다. __미국 작가 마크 트웨인

"자기 자신을 속이는 건 매우 쉽다"는 말도 있지만, 자기기만을 호되게 꾸짖는 명언들이 더 많다. 미국 저널리스트 게마리엘 베일리Gamaliel Bailey는 "모든 사기의 최초이자 최악은 자기 자신을 속이는 것이다"고 했고, 미국 작가 크리스티앙 네스텔 보비Christian Nestell Bove도 "최악의 기만은 자기기만이다"고 했다. 자기 자신이건 남이건 속이지 않는 게 좋겠지만, 삶이 자신을 속이면 눈에 뵈는 게 없어지는 법이다.

❧ 삶이 그대를 속일지라도 슬퍼하거나 노하지 말라. __

푸시킨의 대표적인 시 「삶이 그대를 속일지라도」의 구절이다. "절망의 날을 참고 견디면 기쁨의 날은 반드시 오리라. 현재는 언제나 슬프고 마음은 미래에 사는 것. 모든 것은 순식간에 지나가고 지난 것은 모두 그리워진다."[39] 그런데 이 시가 우리를 속이면 그땐 어찌해야 하나? 지나친 의심인가?

가수 박미경의 노래 〈이브의 경고〉는 이렇게 시작한다. "오늘도 넌 나를 피해 딴 생각을 하지만 난 알고 있어." 연인들 사이의 기만, 정말 나쁜 짓이다. 박미경은 그런 나쁜 짓을 하려는 놈에게 이렇게 경고한다. "나의 예감은 한번도 틀린 적이 없어 걱정스런 맘/이런 내 마음을 알고 있다면 나에게 더 이상 실수하지 마/내게도 너 아닌 멋진 남자가 가끔 날 유혹해 흔들릴 때도 있어/너에게만 있는 능력처럼 그렇게 날 속이려고 하면/나에게는 더 이상 순애보는 없어 난 널 그냥 떠나버릴 거야."

그렇다. 기만을 자기만 갖고 있는 특별한 능력인 것처럼 착각하면 안 된다. "사기꾼을 속이는 건 사기가 아니다"는 말도 있으니, 되갚아주는 걸 말릴 일은 아니다. 프랑스 시인이자 우화작가인 장 드 라 퐁텐이 말했듯이, "사기꾼들을 속이는 것은 두 배로 즐겁다." 기만의 유혹을 받는 사람들은 명심해야 한다. "뛰는 놈 위에 나는 놈 있다"는 속담은 의외로 들어맞는 경우가 많다는 것을.

삶이 그대를 속일지라도

5장

소통의 기술

겸손 |

✑ 겸손은 무익할 뿐만 아니라 해롭기까지 하다는 말은 대체로 사실이다. 특별히 질투나 그 밖의 이유로 당신에게 적대감을 품고 있는 거만한 인물을 향할 때 그렇다.[1] __이탈리아 사상가 마키아벨리

마키아벨리는 "겸손함으로 거만함을 극복할 수 있다고 믿음으로써 결국 자신을 망치는 자들이 많다"고도 했다.[2] 그러나 이는 권력투쟁을 벌이는 사람들 사이에서 통용되는 말임을 감안할 필요가 있겠다.

✑ 뉘우치는 자는 두 배로 불행하고 이중으로 약하다. (…) 자기 자신을 비하하는 자는 오만한 사람에 가깝다.[3] __네덜란드 철학자 바뤼흐 스피노자

✑ 겸손은 권력에의 의지를 위장한 것에 불과하다.[4] __독일 철학자 프리드리히 빌헬름 니체

철학자 윌 듀런트Will Durant의 해설에 따르면, "니체처럼 스피노자도 겸손을 중요시하지 않는다. 겸손은 야심

가의 위선이거나 노예의 비겁함이며 힘의 결여일 뿐이다. 스피노자에게 있어 덕이란 힘과 능력의 형식이다. 후회하는 것은 덕이 아니라 결함이다."[5]

그러나 평범한 인간관계에선 다른 문법이 작동할 수도 있다. 영국 작가 조나단 스위프트의 말마따나 "겸손은 바보도 현자賢者처럼 보이게 만들 수 있다." 영국 작가 조지프 에디슨도 "겸손은 장식일 뿐만 아니라, 덕행의 파수병이다"[6]고 했다. 아주 똑똑하고 유능해 보이는 사람인데 건방지고 거만을 떨어 남들의 기분을 상하게 만드는 사람들이 있다. 아니 '불쌍하다'는 생각까지 들 정도로 돼먹지 않은 사람들도 있다. 이런 사람들이 명심해야 할 좋은 말이다.

하지만 겸손해야 할 필요가 없을 정도로 내세울 게 없는 사람도 명심해야 할 게 있다. 겸손은 자신감 결여나 비굴이 아니라는 사실 말이다. 그래서 나온 말이 "지나친 겸손은 비굴이 된다"는 격언이고, 과공비례過恭非禮라는 사자성어다. 미국 시인이자 흑인 여성 인권운동가인 마야 안젤루Maya Angelou는 "겸손하기 위해서 남의 발 밑에 깔릴 필요는 없다"고 했다.[7]

❧ 거짓 겸손은 허영의 극치다. 거짓말이다. __프랑스 작가
장 드 라 브뤼예르

거짓 겸손을 보이는 사람들이 많다. 건방지고 거만한
행태보다는 나은 게 분명하지만, 사람에 따라선 거짓 겸
손을 더 싫어하기도 한다. 잘난 척 할 만한 사람이 뼛속
까지 겸손하기는 어려우므로 거짓 겸손을 이해해줘야 한
다는 반론도 있기는 하다. 거만하건 거짓 겸손을 보이건
적당한 수준에서 하는 게 좋지 않을까?

❧ 평범한 사람의 겸손은 정직이지만 탁월한 사람의 겸
손은 위선이다. __독일 철학자 아르투르 쇼펜하우어

듣고 보니 그럴 법하다. 탁월한 사람은 이래도 욕 먹고
저래도 욕 먹으니, 평범한 내 신세가 더 낫다고 자위하는
게 좋을 것 같다. 그래서 이런 말도 나온 게 아닐까? "양
극단은 만나는 법인데, 겸손의 오만 이상 더 좋은 예는
없다." 미국 철학자 랠프 왈도 에머슨의 말이다.

❧ 잘 나가는 사람이 겸손하긴 쉽지만 별볼 일 없는 사
람이 겸손하긴 어렵다. __프랑스 작가 쥘 르나르

겸손이 참 어렵다는 생각이 든다. 잘 나가는 사람도 어

렵지만, 별볼 일 없는 사람도 어렵다. 겸손하면 자신감 결여나 비굴로 오해받기 십상이니 참 못해먹을 노릇이다. 그냥 대인관계에서 기본적인 에티켓만 지키자는 수준에서 정리해야 할 것 같다.

✎ 너무 겸손해하지 마세요, 그렇게 위대하신 것도 아니잖아요. __이스라엘 여성 총리 골다 메이어

직설화법으로 유명했던 메이어가 자신을 찾아온 외교관에게 그렇게 말했다는데, 유머로 봐야 할지 헷갈린다. 결국 겸손이란 위대한 사람이나 가진 사람의 여유라는 걸까? 그게 현실임을 인정하면서도 쓸쓸한 기분이 드는 건 어쩔 수 없다. 우리의 각박한 생존경쟁은 모두 다 겸손을 보여주기 위한 자격을 얻는 투쟁이란 말인가?

"돌아가신 울아버지 울어머니 겸손하라 겸손하라 하셨지만 지금까지 안 되는 것은 딱 한 가지 그건 겸손이라네." 가수 조영남의 노래 〈겸손은 힘들어〉에 나오는 말이다. 왜 그렇게 겸손이 힘든 걸까?

어쩌면 겸손은 인간의 본성에 반하는 것인지도 모르겠다. 허세와 교만에서 삶의 의미와 보람을 찾는 사람들.

가진 게 없다는 이유 하나만으로 도덕적 우월감을 갖는 사람들. 겉으론 겸손한 척 하면서 속으론 독선과 오만의 때가 잔뜩 찌든 사람들. 이런 사람들이 많은 걸 보더라도 겸손은 확실히 실천하기 어려운 덕목임에 틀림없다.

사정이 그러하니, 요즘 유행하는 말로 '지속가능한' 수준의 겸손을 갖는 게 어떨까 하는 생각이 든다. 목표를 크게 잡지 말고, 그저 남에게 불쾌감과 상처를 주지 않는 선에서 자제를 해보자는 것이다. 그마저 쉬운 건 아니지만, 얼마든지 실현 가능한 일인 건 분명하다. 그렇게 하기 위해선 무엇보다도 남의 기분을 헤아릴 줄 아는 감수성을 키워야 한다. 배려심을 갖자는 것이다. 남을 배려하는 순간 무례해지긴 어려운 일이다. "배려심 갖는 게 그리 쉬운 일인 줄 알아?"라는 반론을 할 사람들도 있겠지만 말이다.

경청 |

    🖋   인간의 귀는 둘인데 입은 하나인 이유는 말하는 것만큼의 두 배를 들을 수 있기 때문이다. __고대 로마 철학자 에픽테토스

이 말은 "인간의 귀는 둘인데 입은 하나인 이유는 많이 들으라는 뜻이다"로 변용돼 사용되기도 한다. 사람들이 듣기보다는 말하기를 워낙 좋아하기 때문에 주의를 기울여 듣는 경청傾聽이 그만큼 어렵다는 뜻이다. 경청은 저절로 되는 일이 아니다. 노력해야 한다. 그런데 우리는 노력을 싫어하니, 경청은 어려울 수밖에 없다.

"'단순한 듣기(청취hearing)'와 '귀 기울여 듣기(경청listening)'를 정확히 구분하지 못하기 때문에 일상생활에서 많은 혼란과 불화가 야기된다. 이 두 단어를 바꿔 써도 무방하다고 생각하니까 이런 일이 벌어지는 것이다." 미국 정신분석학자 제임스 보그James Borg가 『설득력: 간결하고 강력하게 말하는 대화의 힘』(2007)에서 한 말이다.

보그는 이 두 단어는 전혀 다르다고 말한다. 단순히 듣

는 행위는 청각기관이 귀를 통해 정보를 두뇌에 전달하는 '생리적' 과정인 반면, 귀를 기울여 듣는 경청은 해석과 이해의 과정을 나타내며, 들은 말에서 의미를 끌어내는 '심리적' 과정이라는 것이다.[8] 사실 우리 주변에선 "내가 말했잖아!"와 "당신이 언제 그런 말을 했어?"라며 다투는 모습을 자주 볼 수 있다. '청취'와 '경청'이라는 두가지 듣기 방식의 차이에서 빚어지는 갈등인 셈이다.

❧ 내가 어떤 문제 때문에 고통받고 있는지 진심으로 듣고 진정으로 이해하는 단 한 사람의 존재가 세계관을 바꾼다. __미국 심리학자 엘튼 메이요

미국 커뮤니케이션 전문가 샘 혼Sam Horn은 이 말을 받아 "분노의 대부분은 주의를 기울여달라는 울부짖음이다"라고 주장한다.[9]

경청은 기업계에서도 자주 강조되는 덕목이다. 2012년 미국 경제전문지 『포브스』는 10년 전엔 존재하지 않았던 유망 직업 중의 하나로 '최고경청책임자CLO, Chief Listening Officer를 선정했다. CLO는 소셜미디어를 통해 고객의 얘기를 듣는 업무를 총괄한다.[10]

"우리는 효과적인 경영자의 8가지 행동을 검토했다.

여기에 마지막으로 한 가지 행동을 추가하겠다. 그 행동은 대단히 중요해서 규칙으로 격상시키겠다. 그것은 '먼저 경청하고 나중에 말하라'이다."[11] 미국 경영학자 피터 드러커의 말이다.

"다른 사람들보다 더 나은 생각을 갖고 있고, 더 똑똑하고, 더 경험있고, 더 창의적인 사람들이 있기 마련이다. 그럼에도 모든 이들의 말을 경청하고 존중해야 한다."[12] 미국 GE 회장을 지낸 잭 웰치의 말이다. "그는 말을 너무 많이 한다는 비판을 들었다. 당신은 누군가가 지나치게 경청한다고 비난받는 것을 들은 적이 있는가?"[13] 미국 록히드마틴 회장 놈 어거스틴Norm R. Augustine의 말이다.

　　❧　좋은 지도자는 좋은 경청자다. __미국 리더십 전문가 존 캘빈 맥스웰

우리는 지도자라고 하면 주로 하는 일이 듣는 것보다는 말하는 게 아니냐고 생각하기 쉽지만, 그렇게 하는 지도자는 망하기 십상이다. 들으려 하지 않는 지도자에게 누가 직언이나 충언을 하려고 들겠는가? 지도자는 귀가 커야 한다.

✎ 다른 사람의 감정과 어려움을 경청하는 것은 사실상 '많은 말을 하는 것' 이상이다.[14] __미국 심리학자 마셜 로젠버그

전문상담사들에게 물어보라. 경청을 하는 일이 얼마나 힘들고 고통스러운지 잘 말해줄 것이다. 경청을 해주는 것만으로도 치유의 효과가 있다. 친구가 고민을 털어놓을 때 제대로 경청만 해준다면 그 어떤 조언을 해주지 않더라도 당신은 친구를 이미 도운 것이다. 듣는 도중에 스마트폰을 만지작거린다거나 딴 일에 신경을 쓰지 않고 친구의 말에 집중만 해주는 것, 그거 결코 쉬운 일이 아니다.

✎ 경청은 힘든 일이기 때문에 사람들은 분명한 이해관계가 없는 한 그 일에 전념하지 않는다.[15] __미국 커뮤니케이션학자 캐롤 로치와 낸시 와이어트

로치와 와이어트가 함께 쓴 『성공적인 경청』(1988)의 한 구절이다. 그래서 그들은 "우리는 청각적으로 잘 듣기 위해 훈련을 할 필요는 없지만 내용을 이해할 수 있게끔 잘 듣기 위해선 훈련이 필요하다"고 말한다.[16]

내 말을 경청해주는 힘든 일을 마다하지 않을 사람이 주변에 얼마나 있을까? 우리가 여행 중에서 만난 낯선

사람에게 자신의 은밀한 이야기를 털어놓는 것도 실은 경청의 어려움과 관련이 있다. 여행이라고 하는 특별한 환경은 경청을 쉽게 만들어주는 효과가 있기 때문이다.

"잘 들어주고 싶다면 상대가 말할 때 아무 말 없이 집중해야 한다. 이를 위해서는 얼마 동안 욕구를 제쳐둘 수 있는 인내심이 필요하다." 미국 철학자 마이클 니콜스가 『대화의 심리학』(1995)에서 한 말이다. 그는 욕구를 제쳐둔다는 것이 자신을 버려도 된다는 뜻은 아니라며 이렇게 덧붙인다.

"대화할 때 개성을 드러내기 두려워하는 사람도 있다. 그들은 상대에게 휘둘려 '자아'를 잃어버리고 의무적으로 들어주려 한다. 갈등이나 거절의 두려움, 논쟁, 다른 사람이 보내는 고통의 신호에 대응하는 것보다 순응하는 편이 더 쉽고 안전하다고 생각한다. (…) 고분고분한 사람들은 훌륭한 대화상대처럼 보이지만 실은 단순한 저장소나 스펀지에 지나지 않는다. 진정으로 귀 기울이고 있는 것이 아니라는 뜻이다. 소극적인 자세는 경청이라고 할 수 없다."[17]

좋은 말이지만, 늘 그런 식의 고난도 경청을 해가면서 세상을 살아갈 수는 없는 법이다. 에너지가 너무 많이 소모되니까 말이다. 이건 누구의 말을 경청하느냐에 따라 달라질 수 있는 문제다. 상대가 가족이나 친한 친구라면 그런 적극적 경청이 필요하겠지만, 그런 고농도의 경청을 모든 사람을 대상으로 발휘할 수는 없다는 뜻이다. 심리학자나 자기계발 전문가들이 '경청 등급제'를 만들어, 사람에 따라 차별화를 하라고 요청하는 게 현실적이지 않을까?

침묵 |

❦ **침묵은 말보다 더 능변이다.** __영국 역사가 토머스 칼라일

칼라일의 책 『영웅의 역사On Heroes and Hero-Worship』 (1840)의 한 구절이다. 이런 침묵을 가리켜 '능변적 침묵 eloquent silence'이라고 한다.[18] 그는 프랑스의 계몽사상가 장 자크 루소에 대해 매우 비판적이었는데, 그 이유 역시 침묵과 관련이 있다. 프랑스에 대한 강한 편견이 드러나 설득력이 좀 떨어지긴 하지만 말이다.

"루소는 지극히 귀중한 자질인 '침묵'을 갖지 못했습니다. 프랑스인 중에는 이런 자질을 가진 사람이 거의 없으며, 또 오늘날에는 어떤 부류의 사람도 이런 자질을 별로 가지고 있지 않습니다! (…) 루소를 보고 강한 사람이라고 할 수는 없습니다. 아무리 무거운 짐을 짊어지고도 비틀거리지 않는 사람만이 강한 사람입니다. 우리는 항상, 특히 목소리만 높이는 시대에는 이 사실을 잊어서는 안 됩니다. 말하고 행동할 때가 오기까지 '조용히 침묵을 지키지 못하는 사람'은 진정한 사람이 아닙니다."[19]

침묵은 현명한 사람에겐 어리석지만 어리석은 사람에겐 현명하다. __영국 작가 찰스 칼렙 코튼

현명한 사람에게도 침묵이 현명할 때가 많지만, 이 아포리즘의 논점은 그건 아니다. 침묵하지 않고 말을 많이 함으로써 자신의 밑천과 약점을 다 드러내는 사람이 의외로 많다. 누구건 살면서 그렇게 느낀 적이 있을 게다. '아, 저 사람은 왜 저러는 걸까? 입에 반창고를 붙여주고 싶네'라고.

༄ 침묵은 반박이 가장 어려운 논법 중의 하나다. __미국 유머 작가 헨리 휠러 쇼

그렇다. 침묵에 대해 무슨 반박이 가능하겠는가? 상대편을 무지하다고 반박하고 싶어도 상대편이 알고서도 침묵하는 건지 모르기 때문에 침묵하는 건지 알기가 어렵다. 게다가 야릇한 미소까지 지으면서 침묵하면 더욱 상대하기 어려워진다.

༄ 침묵하지 못하는 것이 인간의 현저한 실패 중 하나다. __영국 문예비평가 월터 배젓

말이 화를 부른다. 그럼에도 우리 인간은 입을 갖고 있

기 때문에 말을 하지 않을 수 없다. 문제는 장소와 때를 가려서 말을 해야 하는데, 그걸 지키지 못해 스스로 실패를 만들어내는 사람들이 많다.

❧ **당신의 침묵을 이해하지 못하는 사람은 당신의 말도 이해 못할 가능성이 높다.** ＿미국 작가 앨버트 허바드

이 말을 가장 실감나게 느낄 수 있는 건 부부싸움이다. 갈등이 생기거나 화가 나면 아예 침묵을 택하는 사람이 있다. 그게 좋은 방법이라곤 할 수 없지만, 문제는 그 침묵의 의미를 깨닫지 못하는 상대편이다. 꼭 말을 해야만 알아듣는 사람이라면, 그 사람은 평소에 주고받는 말의 의미도 제대로 이해하고 있지 못할 가능성이 높다. 이런 소통 무능력자들이 우리 주변에 의외로 많다.

❧ **나는 내가 말한 적이 없는 어떤 것에 의해서도 상처받은 적이 없다.** ＿미국 제30대 대통령 캘빈 쿨리지

캘빈 쿨리지는 대통령직을 물러나면서 후임 대통령인 허버트 후버에게 이런 조언을 주었다고 한다. "아예 말을 하지 않으면 그 말을 설명해달라는 요청을 받지 않을 겁니다."[20]

이렇듯 쿨리지는 '침묵의 캘Silent Cal'이라는 별명으로 통했지만 실은 말이 많은 사람이었다고 한다. 다만 공적으론 일부러 말을 하지 않았던 것이다. 그는 "우리 인생에서 모든 문제의 5분의 4는 단지 우리가 가만히 앉아 침묵만 한다면 저절로 해결될 것이다"는 명언도 남겼다. 좋은 말이긴 하지만, 문제는 그가 무능한 대통령이었다는 점이다. 그래서 한 역사가는 쿨리지가 "아무 일도 하지 않는 것을 예술의 경지로 끌어올렸다"고 꼬집었다.[21] 이런 쿨리지식의 침묵은 환영하기 어렵다.

'조직 침묵organizational silence'이라는 것도 있다. 조직 구성원들이 조직 내부의 문제를 못본 척 외면하는 현상으로 가파른 계층구조를 가진 조직에서 많이 나타난다. 마거릿 헤퍼넌Margaret Heffernon은 『경쟁의 배신: 경쟁은 누구도 승자로 만들지 않는다』(2014)에서 "막대한 비용을 들여 똑똑한 사람들을 뽑아 훈련시켜 놓은 대부분 조직에서 가장 큰 문제는 그들이 가지고 있는 지식을 어떻게 하면 수면 위로 끌어올릴 것인가 하는 부분이다"며 다음과 같이 말한다.

"조직 침묵 현상에 대한 연구를 보면 대부분 간부들은 절대로 입 밖으로 내지 않는 정보, 이슈, 걱정거리를 가지고 있다고 한다. 침묵하는 이유는 응징을 받지 않을까 하는 두려움이나 자기가 아무리 떠들어봤자 아무런 변화도 없을 것이라는 절망감 때문이다. 우리는 이런 현상을 영국의 국민건강서비스NHS, National Health Service, BBC, 가톨릭교회, 의회, 은행, 보험회사 등에서 발생한 스캔들을 통해 여러 번 반복 목격해왔다. 풍부한 지식을 가지고 있음에도 그 누구도 감히 입 밖에 내려 하지 않는 것이다. 계층구조가 가파를수록 이런 목소리를 듣기도, 지식이 수면 위로 떠오르기도, 논의가 이루어지기도 어렵다. 대신, 거리감, 공포, 무기력에 의해 악화되는 수렴적 사고가 만연하게 된다."[22]

바로 이런 '조직 침묵' 때문에 '조직은 괴물'이라는 말이 나오곤 한다. 자신이 몸 담고 있는 조직에 인격을 부여해 절대 복종해야 할 의리가 있는 것처럼 맹신하는 사람들의 심리는 간단하다. 자신의 이익이 조직의 권력과 위세와 평판에 직결돼 있기 때문이다. 침묵하지 못하는 것만 인간의 현저한 실패 중 하나가 아니다. 침묵하지 않아야 할 때 침묵하는 것 역시 인간의 현저한 실패 중 하나임에 틀림없다.

말 |

✿ 말을 잘하는 사람의 귀는 없애버려야 한다. 그에게 귀가 있을 필요가 없기 때문이다. __미국 정치가 벤자민 프랭클린

누구 못지 않게 말을 잘하는 벤자민 프랭클린이었지만, 의외로 달변을 부정적으로 보는 명언들을 많이 남겼다. "못난이들은 말을 많이 하지만 쓸모 있는 말은 거의 하지 않는다." "입을 봉하고 있으면 파리가 입안으로 들어가지 못하는 법이다." "평화롭고 마음 편하게 사는 사람은 알고 있는 바를 모두 말하지 않고, 본 것을 모두 판단하지 않는다."[23]

✿ 말의 한가지 큰 용도는 우리의 생각을 감추는 것이다. __프랑스 사상가 볼테르

영국 작가 올리버 골드스미스Oliver Goldsmith는 이 말을 이렇게 변형시켰다. "말의 진짜 용도는 우리의 욕망을 표현하는 게 아니라 감추기 위한 것이다." 누구에게건 드러내기 위해서가 아니라 감추기 위해서 말을 했던 경험이

있을 게다. 그래서 늘 말의 진실성을 놓고 고민하는 건 우리가 말을 사용할 수 있는 축복에 대해 지불해야 할 비용일지도 모르겠다.

❧ 인류 문명이 최초로 시작된 것은 화난 사람이 돌 대신에 단어를 던지면서부터이다.[24] __오스트리아 정신분석학자 지그문트 프로이트

그러나 단어도 돌 못지않게 무섭다고 말하는 사람들도 있다. "몽둥이나 돌멩이는 내 뼈를 부러뜨릴 수 있다. 하지만 말은 마음을 무너뜨린다."[25] 미국 작가 로버트 풀검 Robert Fulghum의 말이다.

❧ 말은 글의 인위성이 없는 인간성 그 자체다. __영국 철학자 알프레드 노스 화이트헤드

비교적 그렇다는 주장일 게다. 인위적으로 꾸며서 하는 말이 많으니까 말이다. 다만 글에 비해 그런 인위성이 적다는 것으로 이해하면 되겠다. 오죽하면 "생각하기 전에 혀를 빨리 움직이는 건 위험하다"는 말이 나왔을까?

❧ 미국인들의 대화란 먼저 숨을 들이쉬는 사람이 듣는

쪽이 되어버리는 치열한 경쟁이다.[26] __미국 정치가 네이션 밀러

미국 작가 프랭크 타이거Frank Tyger가 "말을 줄이라는 조언은 아무리 많이 해도 부족하다"고 한 것도 무리는 아니다.[27]

✆ 능변能辯에 면역이 생기는 것이 민주국가의 시민에게는 가장 중요하다.[28] __영국 철학자 버트런드 러셀

말을 현란하게 잘하는 능변을 가리켜 영어로는 'elo-quence'라고 하는데, 이건 정치인의 필수 덕목이다. 그러다보니 말만 번지르르하게 잘하는 사기꾼 같은 정치인들도 나타나기 마련이다. 러셀은 바로 그 점을 경고하고자 한 것이다.

✆ 세상의 반은 할 말이 있으면서도 할 수 없는 사람들, 나머지 반은 할 말이 없으면서도 계속 말을 하는 사람들로 구성돼 있다.[29] __미국 시인 로버트 프로스트

세상의 불공평함은 말을 하는 데도 어김없이 나타난다. 말을 하더라도 어떤 말이냐가 중요하다. 영어에선 hearing과 listening이 다르듯이, talking과 speaking도 다르다. talking은 일방통행식 대화인 반면, speaking은

듣는 사람의 공감을 끌어내는 게 목적이다. 말을 하더라도 talking보다는 speaking에 가까운 말을 더 많이 하는 게 좋을 것 같다.

"말이 글이다." 오도엽이 『속시원한 글쓰기』(2012)에서 글쓰기에 어려움을 느끼는 보통사람들을 위해 제시한 해법이다. "한 친구가 소주잔을 건네며 하소연한다. 글로 쓸 이야기는 머릿속에 가득한데, 컴퓨터 앞에만 앉으면 손가락이 굳어 꼼짝하지 않는단다. 그래서 말했다. '손으로 쓰려니까 그렇지.' 내 말에 친구는 소주잔을 탁자에 세게 내려놓으며 따졌다. '그럼 발가락으로 쓸까!' 친구에게 술을 한잔 건네며 속삭였다. '입으로 써봐.'"[30]

대부분의 글쓰기 전문가들이 글을 말처럼 쓰라고 말하지만, 소설가 김훈은 반대 의견을 제시한다. "나는 언문일치言文一致에 반대하는 사람이에요. 글이라는 것은 말과는 다른 장르이고 그 존재 이유가 달라요. 기능과 용도와 지향성이 다른 것이죠. 그런데도 어와 문을 그냥 기계적으로 일치시킨다는 것은 말을 파괴하고 글을 파괴하는 일이라고 생각합니다. 좋은 글을 쓰려면 글은 일상에서 지껄이는 말과는 전혀 다른 세계라는 의식을 가져야 합니다."[31]

꧁ 말로 할 수 있는 것보다 당신을 더 사랑해요 love you more than I can say . 영국 가수 레오 세이어의 노래 제목

"내가 말로 할 수 있는 것보다 당신을 더 사랑해요/내가 당신을 그토록 원하는지 모르시나요?/제발 내게 말해줘요, 내가 알아야 해요/당신은 나를 정말 울게 할 건가요?/나는 그저 또 다른 남자인가요?" 말주변 없는 남자들의 고통 또는 억울함을 대변하기 위한 노래일까? 아니다. 그 어떤 달변가도 자신의 사랑을 말로 표현할 수 있을 만큼 달변가일 수는 없다. 모든 사랑은 말 이상의 것이다. 물론 말 이하의 사랑도 있겠지만 말이다. 나는 그저 또 다른 남자(여자)인가요? 사랑에 빠진 모든 이들을 엄습하는 의문이 아닐 수 없다.

유머 |

   유머는 가장 위대한 구원이다. 유머가 터지는 순간 짜증과 분노는 사라지고 다시금 유쾌한 기분이 찾아온다.[32]

__미국 작가 마크 트웨인

어디 그뿐인가. 유머는 다른 사람들의 인기를 누리는 데도 '위대한 구원'이다. 미국의 유머 칼럼니스트 아트 버크월드Art Buchwald는 이런 증언을 했다. "웃겨주면 모두들 나를 좋아한다는 것을 나는 즉시 깨달았다. 그리고 그 교훈을 절대 잊지 않았다."[33] 나를 위해서건 남을 위해서건 유머가 구원의 역할을 한다는 건 분명하다. 아무나 유머를 구사할 수 있는 건 아니라는 게 안타까울 따름이다.

"천국에는 유머가 없다."[34] 이 역시 마크 트웨인의 말이다. 그는 유머를 긍정하기도 했지만 그 본질을 놓치진 않았다. "인간의 모든 것은 애처롭다. 유머 자체도 알고 보면 기쁨이 아니라 슬픔에서 출발한 것이다"고 했으니 말이다. 어디 슬픔뿐인가? 유머는 너무도 우아하게 포장된 나머지 상대방의 반발을 원천 봉쇄할 수 있는 공격이기도 하다. 무례한 사람을 잠재우는 날카로운 유머를 구사하는 사람에겐 내심 박수를 보내고 싶어진다. 천국에서도 그런 공격이 필요한 건지는 잘 모르겠다.

꧁ 내게 유머 감각이 없었다면 나는 오래전에 자살했을 것이다. _인도 정치가 마하트마 간디

과장이 좀 심하다는 생각이 들지만, 유머가 애환의 치료제라는 점에서 보자면 이해가 가기도 한다. 고통과 고난마저 유머의 대상으로 끌어안을 수 있다면 얼마나 좋을까?

유머는 중요하다. 버트런드 러셀은 "당신이 그에게는 유머 감각이 없다고 말한다면, 필히 터질 듯한 격분을 이끌어내게 될 것이다"라고 말하기도 했다. 러셀이 살던 시대의 영국에 국한해서 이해해야겠지만, 유머가 그토록 대단한 대접을 받았다는 게 흥미롭다. 러셀이 이런 결론을 내리기까지 한 말을 더 들어보자.

"'어떤 말로 나를 비난하든 내가 유머 감각이 없다고는 아무도 말할 수 없을 것이다.' 우리가 듣고 또 듣게 되는 말이다. 정말이지 영어로 말하는 거의 모든 사람이 하는 말일 것이다. 당신이 어떤 사람에 대해 온갖 것을 다 의

심해도 그 사람을 진심으로 화나게 만들지는 못할 수 있다. 그는 어리석다, 무자비하다, 돈 문제에서 정직하지 못하다, 늙은 노모를 다락방에서 굶어 죽게 했다고 말하더라도 그는 침착한 태도로 이치에 맞게 반박하면서, 이런 각종 죄목으로부터 결백하다는 점을 입증해낼 것이다. 그러나 당신이 그에게는 유머 감각이 없다고 말한다면, 필히 터질 듯한 격분을 이끌어내게 될 것이다."[35]

✎ 좋은 유머는 성격의 특성이 아니라, 연습을 필요로 하는 예술이다. __미국 심리학자 데이비드 시베리

자신에겐 유머 감각이 없다고 자책하는 사람들에게 희망적인 말이다. 하긴 자꾸 연습해서 늘지 않는 건 없는 법이다. 유머라고 해서 다를 건 없다. 우리 모두 부지런히 유머를 연습해보자.

✎ 유머는 조직의 화합을 위한 촉매제다.[36] __미국 사우스웨스트 항공의 창립자 허브 켈러허

그는 '유머 경영'으로도 유명한데 "유머 감각이 있는 사람이 창의적이고 업무 처리 능력도 뛰어나다"며 인사부에 유머 감각이 있는 사람을 채용하라는 특별 지시를 내

렸다고 한다. "웃지 않는 리더를 위해 일하지 말라. 일은 재미있어야 한다"는 것도 그의 소신이라고 한다.

꿈 유머는 불만을 제기하는 데 특별히 효과적이다. 겉으로는 즐거움만 주는 것처럼 보이면서도 은근히 교훈을 전달하기 때문이다.[37] _스위스 작가 알랭 드 보통

대중은 직설적인 비판엔 불편함을 느끼면서도 영화나 드라마와 같은 엔터테인먼트를 통한 우회적 비판엔 열광한다. 유머도 바로 그런 효과를 내는 비판의 한 방법인 셈이다. 과거 서양의 궁정에서 왕에게 직접 이야기하기 힘들었던 심각한 일들을 왕에게 말할 수 있었던 사람은 어릿광대였다고 한다. 어릿광대 흉내를 내면서 메시지를 전하는 것, 그게 바로 유머다.

"유머는 상대로부터 공격받을 가능성을 줄이면서 죄책감을 느끼지 않고 공격성을 표현하는 방법이다." 정신분석의 정도언의 말이다. "정신분석학의 입장에서 보면 유머란 억눌려 있던 공격 에너지가 해방되어 웃음이라는 형태로 발산되는 것입니다. 억압되어 사라질 뻔했던 공격성을 변장시킨 후에 의식으로 불러와서 즐기는 것이지요. 원초적인 형태의 공격 에너지가 무의식에서 의식

으로 건너오는 다리의 검문소를 아무 일 없이 통과할 수 있도록 모습을 바꾼 것이 유머입니다. 우리가 유머나 개그에 열광하는 이유는 대리만족을 할 수 있기 때문입니다."[38]

❧ 유머는 생각의 미소다.[39] __프랑스 철학자 베르트랑 베르줄리

베르줄리의 『행복 생각』(2002)에 등장하는 말이다. 얼른 보기엔 별것 아닌 것 같지만, 우리 삶은 한 줄기 미소라든가 한 토막 유머와 같은 사소한 것들로 더불어 시작된다는 것이다. 그는 "미소는 세상을 회복하는 시詩"라며 우리 입술에서 힘을 빼는 것에서부터 시작해보자고 권한다. 하지만 그게 그리 말처럼 쉬운 일은 아니다. 유머가 좋다는 건 누구나 다 알기에 그걸 시도해보려다가 '썰렁 개그'에 그치고 마는 경우가 오죽 많은가. 그래도 그런 실패가 분위기를 부드럽게 해주는 데 도움이 된다면, 살신성인殺身成仁의 자세로 계속 시도해보는 것도 좋겠다.

6장

나를 향한
마음에 대하여

명성 |

 � 위대한 인물들의 명성은 늘 그들이 그걸 얻기 위해 사용한 수단에 의해 평가되어야 한다. __프랑스 작가 라 로슈푸코

17세기에 풍자와 역설의 잠언으로 유명했던 라 로슈 푸코의 말이다. 그러나 이건 옛날 이야기다. 명성을 얻은 수단이 미디어라면 그걸 평가한다 한들 무엇이 달라지 겠는가? 그럼에도 명성에 대해 다시 생각해보자는 제안 은 환영할 만하다. 누군가의 명성에 영향을 받더라도 "저 사람은 왜 유명해진 거지?"라는 물음을 스스로 던져보는 것도 좋지 않을까?

 ✎ 나는 하루 아침에 유명해졌다. __영국 시인 조지 바이런

바이런의 명성은 영국뿐 아니라 프랑스에서 러시아까 지 전 유럽에 울려 퍼졌는데, 그 자신이 이를 두고 한 말 이다. 명성은 오랜 세월에 걸쳐 형성되기도 하지만 하루 아침에 명성의 벼락부자가 되는 사람들도 많다. 미디어 가 발달한 오늘날엔 하루 아침에 유명해지는 경우가 많

다. 또 그래서 그만큼 빨리 잊혀진다. 우리는 명성의 대량생산 시대에 살고 있는 것이다.

대학도 다를 게 없다. "명성을 향한 욕망은 대학의 업무와 방향성 형성에 많은 영향을 미친다. 명성의 상승이라는 목표에 부합하지 않는 일은 어떠한 명분도 없는 것이다." 미국 경제학자 소스타인 베블런Thorstein Veblen의 말이다. 이는 1세기 후에도 달라지지 않아 이런 평가가 나왔다. "오늘날 대학은 교육의 질을 높이려고 노력하면서도 결국 명성을 팔아 연명한다."[1]

❧ 공공문제에 대해 글을 쓰는 사람은 명성을 경멸하는 척 할 수 없다. 왜냐하면 명성은 허영심을 충족시켜줄 뿐만 아니라 이 세상을 이해하기 위해 알아야 할 사람들을 만날 수 있는 유일한 방법이기 때문이다.[2] __미국 저널리스트 월터 리프만

리프만은 자신의 명성 하나로 세계 어느 나라를 가건 그 나라의 최고 지도자를 독대獨對할 수 있었다. 사실 명성으로 인해 얻는 혜택은 무수히 많다. 무엇보다도 돈과 권력이 따라온다. 그걸 누리더라도 명성은 참으로 무서운 동시에 허망한 것이라는 점은 잊지 않는 게 좋을 것 같다.

나를 향한 마음에 대하여

☎ 유명 인사는 동어반복同語反復이다. 우리는 유명 인사들이 근본적으로 그들의 유명성 때문에 유명해졌다는 걸 망각한다.[3] __미국 역사가 대니얼 부어스틴

동어반복tautology은 술어가 이미 주어에 포함돼 있는 것으로 수학공식이야말로 전형적인 동어반복이다. 3×3=9는 3×3과 9가 동일한 것을 다르게 표현한 것이다.[4]

"유명하기 때문에 유명한famous for being famous"은 부어스틴의 주장 가운데 널리 쓰이는 표현인데,[5] 이는 명성 역시 동어반복 현상이라는 걸 말해준다. 사실 오늘날의 명성은 뚜렷한 업적과는 별 상관이 없다. 어떤 사람이 어떤 일로 미디어를 통해 유명해지면, 바로 그 유명성 때문에 다시 유명해지는 순환관계를 만들어낸다. 대중은 그 사람이 단지 유명하다는 이유로 큰 관심을 보인다. 부어스틴은 영웅과 유명 인사의 차이에 대해 이렇게 말한다. "영웅은 자력으로 컸지만, 유명 인사는 미디어에 의해 만들어진다. 영웅은 큰 인물이었지만, 유명 인사는 큰 이름일 뿐이다."[6]

☎ 전문적인 유명 인사는 남녀를 막론하고 경쟁을 승배하는 사회가 만든 스타 시스템의 대미를 장식하는 결과다.

밀스의 저서 『파워엘리트The Power Elite』(1957)에 나오는 말이다. 유명인사는 내용 없는 경쟁 만능주의의 산물로, 사회적 중요성과 무관하게 어느 분야에서건 치열한 경쟁을 뚫고 승리한 사람에게 경쟁숭배 의식의 일환으로 주어지는 타이틀이라는 뜻이다.[7]

　❧　대중은 명성의 우상 앞에 머리를 조아리며 모든 걸 내어주다가도, 얼마 안 가 그 우상을 거칠게 자기 것으로 삼고자 하면서 머리 조아린 대가를 요구한다.[8] __프랑스 철학자 베르트랑 베르줄리

"세상에 공짜는 없다"는 진리는 어김없이 명성에도 적용된다. 그래서 베르줄리는 명성이라는 것은 사실 무서운 것이라고 말한다. 그러나 사람들은 그 무서운 것을 얻기 위해 전 인생을 바치기도 한다. 명성이 아무리 허망한 것이라고 한들, 그 점은 일단 그걸 얻고 난 후에나 생각해보자는 자세를 취한다.

사회 전반이 유명인Celebrity에 열광하는 풍토가 몰고 온 것이 바로 한국에서 유행하는 '셀럽Celeb' 현상이다. 예컨대, '연예인 닮은꼴 찾기' 앱을 즐기는 사람들의 목표는

선망하는 연예인과의 '싱크로율 100%'를 기록하는 것이며, 일생에 단 한 번의 추억을 멋지게 만들겠다며 화려한 결혼식을 선호하는 이들은 자기 자신도 유명인의 흉내를 내보겠다는 것이 아닌가.[9] '대한민국은 거대한 스튜디오'라거나 '셀카 공화국'이란 말이 나올 정도로 셀카에 열광하는 것도 셀럽 현상이 우리의 일상적 삶에 깊이 침투해 있다는 걸 말해주는 게 아닐까?[10] 그래서 새로운 스마트폰이 나와도 "셀카 화면발 최고"를 내세우는 게 아닐까? '명성의 평등'을 추구하는 현상으로 좋게 이해하기로 하자.[11]

허영심 |

♺ 남들의 허영심을 못 견디게 만드는 것은 우리 자신의 허영심이다. __프랑스 작가 라 로슈푸코

번역이 여러 가진데, 다음 번역이 더 실감나는 것 같다. "우리가 다른 사람의 허영심을 눈감고 넘어갈 수 없는 것은 그 때문에 우리의 허영심이 상처를 입기 때문이다."[12] 나도 누려봤으면 하는 호사를 누군가가 누린다면, 그렇게 할 수 없는 내 처지를 탓하기보다는 그 사람의 허영심을 탓하는 게 속이 편하다. 남한테 피해만 안 주면 되지, 뭐 그럼 어떤가?

♺ 허영심이 강한 사람은 좋게 말하건 나쁘게 말하건 자신에 대해 말하는 게 슬기롭다고 여기지만, 겸손한 사람은 자신에 대해 말하지 않는다. __프랑스 작가 장 드 라 브뤼예르

사실 허영심은 말을 통해 잘 드러난다. 말하는 걸 조금만 들어보면 금방 알 수 있다. 자신의 말에 대해 스스로 슬기롭다고 여기는 표정을 그 사람의 얼굴에서 발견하

는 순간, 우리는 그 사람의 허영심이 강하다는 걸 알 수 있다.

🙢 인간은 허영심과 자존심을 먹고 산다고 할 수 있다. 주위를 돌아보라. 칭찬받으려고 애쓰는 사람들을 쉽게 볼 수 있다.[13] _영국 정치인 체스터필드 경

그렇다. 허영심은 정말 말리기 어려운 거다. 프랑스의 계몽사상가 장 자크 루소도 "바보가 아닌 사람은 모든 어리석은 짓을 그만둘 수 있지만 그렇게 할 수 없는 단 하나의 예외가 있다. 허영심이다"고 했다.

🙢 허영심이 혁명을 만든 것이다. 해방은 명목일 뿐이었다. _나폴레옹 보나파르트

미국 작가 에릭 호퍼의 해설에 따르자면, 이런 이야기다. "어떤 유형이 되었건 거의 모든 지식인에게 공통적으로 나타나는 뿌리 깊은 갈망이 있는데, 이것이 지배 질서에 대한 그들의 태도를 결정한다. 그것은 인정받고자 하는 갈망, 사회적으로 보통 사람보다 높은, 두드러진 지위에 대한 갈망이다."

호퍼는 프랑스의 역사가이자 제2대 대통령 아돌프 티

에르Adolphe Thiers에 대한 다음과 같은 평가가 지식인의 그런 속성을 잘 묘사해준다고 말한다. "그는 야망보다 허영심이 훨씬 더 큰 인물이다. 그는 복종보다 성찰을 선호하며, 권력 자체보다는 권력의 외양을 선호한다. 그에게 쉴 새 없이 조언을 구하되 실제에서는 당신 하고 싶은 대로 하라. 그는 당신이 어떤 조치를 취하느냐보다는 자신을 얼마나 존경하는지를 더 신경 쓸 것이다."[14]

    ✆   행복을 유지하기 위해서는 타인 본위의 허영심을 버려야 한다. __독일 철학자 아르투르 쇼펜하우어

쇼펜하우어는 이어서 말한다. "허영심이란 불행을 자극하는 허망되고 그릇되고 불합리한 것으로 판명되었음에도 불구하고 사람들은 허영심의 노예에서 벗어나지 못하고 그것을 중요하게 여김으로써 얼마나 큰 불행을 겪고 있는가를 깨달아야 한다. 만일 인간이 바로 남의 눈을 의식하는 타인 본위의 유전적인 고질병에서 벗어날 수 있다면 자신의 안정과 평화는 상상하지 못할 정도로 커져서 매사에 태연자약할 수가 있으며 자유롭게 살 수 있을 것이다."[15]

나를 향한 마음에 대하여

✍ 가난한 사람에게 가장 큰 위로가 되는 것은 허영심이다. ＿영국 작가 오스카 와일드

실제로 가난뱅이였던 그는 이 말처럼 살다가 죽었다. 그는 프랑스 파리의 어느 더러운 호텔 방에서 숨을 거두면서도 샴페인 잔을 들며 이렇게 말했다고 한다. "가진 것보다 많이 누리고 가노라."[16]

✍ 허영심의 극치는 명성욕이다. ＿스페인 철학자 조지 산타야나

명성욕도 정도 문제가 아닐까? 프랑스 목사이자 신학자인 샤를 와그너Charles Wagner는 『단순한 삶』(1895)이란 책에서 명성에 집착하는 사람들을 가리켜 이렇게 말했다. "그들은 이름이 알려지지 않은 존재는 조난자와 다를 바 없다고 생각한다. 폭풍우 휘몰아치는 밤에 황량한 암초에 매달려 상상할 수 있는 신호는 모조리 동원해 자신이 거기 있음을 알리려 아우성치며 발버둥치는 조난자."[17] 이 수준이면 허영심의 극치라는 말을 들어도 무방하겠다.

"결혼식을 간소하게 치르려고 하면 사랑의 값어치를 떨어뜨리는 것 같아 죄책감을 느낀다는 사람들이 많

다."[18] 영국 출신의 미국 작가 레베카 미드Rebecca Mead가 『어느 완벽한 하루: 미국에서 판매되는 결혼식』이란 책에서 한 말이다. 정말 그럴까? 별로 믿기지 않는 말이다. '사랑의 값어치' 평계를 대는 게 좀더 그럴 듯하게 보여서 그렇게 말하는 것이지, 정작 중요하게 생각하는 것은 위신이며 그 바탕엔 허영심이 깔려 있다고 보는 게 옳지 않을까?

허영심으로 말하자면, 한국인들이 미국인들보다는 한 수 위다. 벌써 수십년째 결혼식을 간소하게 치르자고 민관합동으로 온갖 캠페인을 벌이고 심지어 단속까지 해 왔지만, 거의 바뀌지 않는다. 물론 그간 바쳐온 축의금을 회수해야 할 필요성이 순환관계를 형성하는 바람에 그런 점도 있겠지만, 가세家勢에 대해 말하고 싶은 허영심이 더 본질적인 이유라고 보는 게 맞지 않을까?

위선 |

ℂ **위선은 악덕이 미덕에 바치는 공물貢物이다.**[19] __프랑스
작가 라 로슈푸코

이 말은, 위선이 그 기만성과 반도덕성에도 불구하고
사회적으로 미덕이 악덕에 비해 우월하다는 점을 끊임없
이 시인하고 확인함으로써 미덕의 유지와 확산에 도움을
준다는 뜻이다. 그런데 그런 이유로 위선에 관대하게 되
면 결국 위선자만 재미를 보는 게 아닌가?

ℂ **우리는 위선이 아니고서는 사회적 동물이 될 수가
없다.** __영국 사상가 버나드 맨더빌

버나드 맨더빌은 1714년에 출간한 풍자시『꿀벌의 우
화Fable of the Bees』를 통해 당시 영국 사회 모든 계층의 기
만과 인간 본성에 대한 기성 도덕의 위선적 견해를 비판
하고 나섰지만, 위선의 필요성은 인정했다. "자신이 하는
속생각이 남에게도 고스란히 다 드러나게 되어 있다면,
말을 할 줄 아는 이상, 남에게 상처받고 가만히 있을 수

는 없다"는 이유에서였다.[20]

✎ 우리 인간은 잠을 잘 때에만 위선에서 자유로울 수
있다.[21] __영국 작가 윌리엄 해즐릿

위선은 인간의 숙명이라는 이야긴데, 정도의 문제가
아닐까? 악의 없는 '하얀 거짓말'이 있듯이, 에티켓 수준
의 '하얀 위선'도 있을 수 있겠다는 생각이 든다. 그러나
자신의 이익을 취하기 위한 위선은 참아주기 어렵다.

✎ 누구건 혼자 있을 때엔 진실하다. 다른 사람이 들어
설 때에 위선이 시작된다. __미국 철학자 랠프 왈도 에머슨

그렇다. 위선은 인간관계의 문제다. 남들에게 잘 보이
고 싶어하는 심리야 당연한 것이지만, 그런 심리가 기만
적이거나 기만에 가까워질 때에 비로소 위선이 시작되는
것이다.

✎ 허식虛飾은 위선의 전조前兆다. __미국 목사 에드윈 허벨 채핀

이 말에서 '허식'으로 번역한 'ostentation'은 자신을 뽐
내거나 과시하는 허영을 말하는 것이기에, 거기서 한 걸
음 더 나아가면 위선이 되는 것이다. 뽐내길 좋아하는 사

람들은 자신도 모르는 사이에 위선자가 될 수 있다는 가능성을 늘 염두에 둬야 할 것 같다.

❧ 특권계급이 그렇지 않은 사람들보다 더 위선적인 이유는 특권이 오직 평등한 정의라고 하는 합리적 이상에 의해 정당화될 수 있으며, 그 정당화는 특권이 전체의 이익에 기여한다는 걸 입증함으로써 이루어지기 때문이다. ＿미국 정치학자인 라인홀트 니버

니버는 또 이런 명언을 남겼다. "국가의 가장 현저한 도덕적 특징은 아마도 위선일 것이다."[22]

❧ 공적인 인물들이 성에 관해 도덕적인 말을 늘어놓는 것이 위선 또는 그보다 더한 것의 징조라는 사실을 결코 의심하지 않는다. ―영국 저널리스트 크리스토퍼 히친스

위선이 가장 두드러지는 분야는 단연 섹스다. 히친스는 "대개 그들의 말은 자기들이 가장 비난하는 바로 그 행동을 하고 싶다는 욕망의 표현이다"며 다음과 같이 말한다.

"그래서 나는 워싱턴이나 기독교의 심장부에서 누군가가 이런저런 것들을 악으로 몰아붙이며 시끄럽게 떠들어

댈 때마다 그의 이름을 내 머릿속 공책에 적어놓고 만족스러운 기분으로 시간을 확인한다. 머지않아 그가 이성의 옷을 즐겨 입는 아파치족에게 자기 몸에 오줌을 싸달라며 돈을 지불하려다가 한도를 넘어버린 비자카드를 소지한 채 황량한 모텔이나 화장실에서 무릎을 꿇고 앉아 있는 모습으로 발견될 테니까 말이다."[23]

     ❧ **위선은 공평성을 잠식한다.** __미국 진화심리학자 로버트 쿠르츠반

쿠르츠크는 『왜 모든 사람은 '나만 빼고' 위선자인가』(2010)에서 말한다. 위선은 이탈리아 시인 단테의 『신곡』 지옥편에 나오는 아홉 개의 지옥 중에서 제8지옥에 해당할 정도로 역겨운 것인데, 그 역겨움의 핵심은 위선이 공평성을 훼손하기 때문이라는 것이다.

위선은 모든 사람들에게 어떤 당위나 규칙을 역설하는 형식으로 나타나는데, 그렇게 말한 사람이 그걸 지키지 않는다면 불공평하다. 당위나 규칙을 역설하는 일이 많은 직업을 가진 사람이 위선자가 되기 쉽다. 정치인과 지식인이다. 그런 특수성을 감안하자면, 그들이 특별히 더 위선적이라고 보긴 어렵다. 그래서 쿠르츠반은 "나는 정

치인들이 겉모습과 달리 우리보다 더 위선적이지는 않다고 생각한다"고 말한다.[24] 물론 이 말을 믿을 사람은 별로 없겠지만 말이다.

    ✎   저열한 본능을 당당히 내뱉는 위악이 위선보다 나은 것이 도대체 무엇인가? __판사 문유석

그는 인터넷에 횡행하는 '선비질'이라는 용어에 대해 이렇게 말한다. "'선비'가 모멸적 용어인 세상이다. 위선 떨지 말라는 뜻이다. 속 시원한 본능의 배설은 찬양받고, 이를 경계하는 목소리는 위선과 가식으로 증오받는다. 그러나 본능을 자제하는 것이 문명이다. (…) 위선이 싫다며 날것의 본능에 시민권을 부여하면 어떤 세상이 될까."[25]

이 주장에 기꺼이 한 표를 던지고 싶다. 위선은 공평성을 잠식하기에 거부되어야 하지만, 공평성 훼손의 가능성이 전혀 없는 경우에도 '속 시원한 본능의 배설'에 불편함을 준다는 이유 하나만으로 "늑대가 나타났다!"라고 거짓말을 하는 양치기 소년을 흉내내서야 되겠는가?

그 순간 그 문장이 떠올랐다

자존감 |

☬ 당신이 부족하다고 생각하지 말라. 그렇게 생각해선 안 된다. 사람들은 당신의 그런 평가를 매우 중요하게 받아들이기 때문이다. __영국 소설가 앤서니 트롤롭

트롤롭이 이 말을 하기 200여 년 전 스페인 작가 발타사 그레시안Baltasar Gracian은 "남에게 존중받고자 한다면 자신부터 존중하라"고 했는데, 같은 취지의 말이다. 자신이 부족하다고 생각하지 않지만 부족한 척 하는 건 겸손이지만, 정말 그렇게 생각하면 그건 자존감이 없는 것이다. 아니 자학으로 갈 수도 있다. 누구든 부족한 점도 있지만, 부족하지 않은 점도 있기 마련이다. 왜 자신에게 있는 걸 모른 척 하고 없는 것만 붙들고 늘어지면서 자신을 괴롭혀야 한단 말인가?

☬ 육체에 산소가 필요하듯이 정신엔 자존감이 필요하다. 산소를 차단하면 육체가 죽듯이, 자존감을 박탈하면 정신이 죽는다. __미국 정신과 의사 토머스 사스

육체가 죽는 건 쉽게 알 수 있지만, 정신이 죽는 건 알기 어렵다. 육체건 정신이건 제발 죽지 말고 우리 모두 오래 살도록 애써보자.

❧ 우리는 우주에 흔적을 남기기 위해 여기에 있다. 나는 우주에 충격을 남기고 싶다. 안 그러면, 도대체 여기 살고 있을 이유가 뭔가?[26] __애플 창립자 스티브 잡스

잡스가 1980년대에 매킨토시 개발팀을 독려하면서 자주 한 말이다. 자존감의 극치를 잘 보여주는 말이라 하겠다. 하긴 '매킨토시'라는 이름에도 그런 자존감이 반영돼 있다. Macintosh는 스코틀랜드의 성姓이기도 한데, '우두머리의 아들'이란 뜻이다.[27] 우주에까지 흔적을 남길 필요는 없지만, 죽은 후 가까웠던 사람들에겐 그 어떤 좋은 흔적을 남기겠다는 자세로 세상을 살아가야 하지 않을까?

❧ 살면서 듣는 가장 큰 거짓말들 중 하나는 이기적이 되기는 '쉽다'는 것과 자기희생은 정신의 힘이 필요하다는 것이다.[28] __미국 심리학자 너새니얼 브랜든

너새니얼 브랜든의 『자존감의 여섯 기둥: 어떻게 나를

사랑할 것인가』(1994)라는 책에서 나오는 말이다. 자존감이 없거나 약한 사람들은 매일 저마다 다른 방식으로 자신을 희생하는데, 그런 사람들이 너무 많다는 것이다. 그는 "나의 삶을 사랑하라"고 외쳐댄다. 분명한 의지를 갖고 자기희생을 하면 칭송이라도 받을 수 있지만, 그런 의지조차 없이 단지 자존감이 없는 탓에 자기희생을 한다면, 그건 너무 비극이 아닐까?

너새니얼은 또한 "자존감이 낮은 사람들은 자신을 사랑하는 사람은 자신에게 어울리는 상대가 아니라고 생각한다"고 말했다.[29] 그런 사람들은 오히려 자신을 거부할 사람이야말로 자신이 헌신할 만한 상대라고 생각한단다. 꼭 이 경우에 들어맞진 않더라도 자기 자신을 들여다보거나 주변을 한번 둘러볼 필요가 있다. 이성이 자신을 좋아하면 오히려 멀어지려고 하는 사람들이 의외로 많다. 그런 사람들은 겉보기와는 달리 낮은 자존감으로 인해 그런 어리석은 짓을 하는 건지도 모른다.

   ✎   자존감이 전부가 아니라, 자존감 없이는 아무것도 없다. __미국 여성운동가 글로리아 스타이넘

글로리아 스타이넘이 『내적 혁명: 자존감에 관한 책』

(1992)에서 한 말이다. 이 말을 긍정하는 미국 교육학자 웨인 다이어Wayne Dyer는 "자존감이 부족할 때 '나는 자격이 없어'라는 핑계가 나온다"며 이렇게 이어간다.

"이런 변명은 당신이 무가치하다는 믿음에 근거한다. 마치 당신의 일부가 '어쩌면 그들의 말이 옳을지도 몰라. 내겐 자격이 없어'라고 느낄 때의 견디기 힘든 고통으로부터 자신을 보호하려는 듯하다. 왜 스스로 보호하려 하느냐고 물어보면 몇몇 사람은 그럴듯한 이유를 댄다. 하지만 그 이유라고 하는 것이 실은 거짓말이며, 그 말대로 행한다면 거짓된 삶을 사는 것이다. 당신의 가치는 외부로부터 주어지는 게 아니다. 당신은 다른 모든 사람과 마찬가지로 이 멋진 세상의 모든 것을 누릴 가치가 있다."[30]

  우리는 모두 내면 깊숙이 스스로가 가치 없다고 느끼는 자신의 일부, 즉 '못난 나'를 지니고 있다.[31] __미국 심리학자 일레인 아론

일레인 아론은 『사랑받을 권리』(2010)에서, '못난 나undervalued self'는 자신의 가치를 정확히 판단하지 못하도록 방해하기 때문에 '낮은 자존감'이라는 문제를 낳는다고 강조한다. 아론은 경쟁에 따른 '순위 매기기'가 '못난

나'의 근본 원인이기 때문에 순위가 없는 '관계 맺기'와의 균형을 통해서 극복할 수 있다고 말한다. '못난 나'는 무적의 용사이기 때문에 물리치기가 쉽지 않다곤 하지만, '못난 나'의 존재를 인식이라도 하고 살아야 자신의 다른 가능성에도 숨쉴 틈을 줄 수 있지 않을까?

나르시시즘 |

꼬 과거엔 'Goodbye'라고 인사했지만, 오늘날엔 'Enjoy'로 바뀌었다.[32] __미국 사회문화비평가 크리스토퍼 래쉬

'Goodbye'란 'God be with you'란 뜻인데, 현대인들은 그걸로는 만족할 수 없어 적극적으로 'Enjoy' 하라고 빌어주는 게 예의가 되었다는 것이다. 래쉬는 그렇게 즉각적인 만족을 추구하는 데 혈안이 된 미국인들의 문화에 '나르시시즘의 문화'라는 딱지를 붙였다.

래쉬는 미국인들이 갖고 있는 그런 '나르시시즘의 문화'는 병리적인 것이긴 하지만, 우리 시대의 음울한 상황에 대한 어쩔 수 없는 방어기제라고 했다. 나치 대학살, 핵전쟁 위협, 환경 파괴, 자본주의의 파괴성 등과 같은 음울한 역사와 사회 상황이 대중으로 하여금 자기만의 은신처에 도피하게 만들었다는 것이다. 우리의 경우도 크게 다른 것 같진 않다. 생존경쟁에 대한 불안과 공포가 엄습할수록 더욱 강한 방어기제를 갖기 위해 애쓰지 않겠는가? 꼭 'Goodbye'라고 인사할 필요는 없겠지만,

'Enjoy'라고 인사하는 것도 다시 생각해볼 일이다. 즐기는 것도 좋긴 하지만, 돈이 드는 게 문제다.

미국 심리학자 줄리 노럼Julie K. Norem은 "나르시시스트는 세상이 자기 중심으로 돌아간다고 생각한다"고 말한다.[33] 최근의 연구결과에 따르면, 자신이 최고라고 생각하는 잘못된 자아상을 가진 사람들은 자기 생각대로 일이 안 풀려 자아상이 위협받게 되면 공격적으로 변하고 심지어 폭력에 의존하기까지 한다. 세상이 자기 중심으로 돌아가지 않는다는 걸 깨닫고 인정하는 게 참 어려운가 보다.

✆ 나르시시스트는 자신을 사랑하는 사람들이 아니라 너무 깨지기 쉬워 지속적인 뒷받침이 필요한 인격을 가진 사람이다.[34] _미국 사회심리학자 셰리 터클

같은 맥락에서 독일 심리학자 배르벨 바르데츠키Bärbel Wardezki도 "나르시시스트들은 혼자 있는 것을 몹시 견디기 힘들어한다. 자신을 자극하고 확인시켜줄 사람이 없으면 그들은 물을 주지 않은 꽃처럼 시들어버린다"고 말한다.[35] 그래서 나르시시스트는 자신을 숭배하는 사람들을 몰고 다닌다. 계속 그런 사람들을 곁에 둘 수 있다면

좋겠지만, 그럴 수 없을 때에 진짜 비극이 시작된다.

∞ 자아도취와 타인에 대한 세심한 배려 사이를 매끄럽게 오가는 것이 건강한 나르시시즘이다.[36] __미국 심리학자 크레이그 맬킨

『나르시시즘 다시 생각하기Rethinking Narcissism』(2015)에서 맬킨은 나르시시즘에 대한 세간의 부정적 인식을 털어내면서 "나르시시즘은 치료해야 할 정신장애가 아니라 살면서 반드시 필요한 심리요인"이라고 주장한다. 나르시시즘 성향이 있는 사람들이 반길 주장이지만, '타인에 대한 세심한 배려'가 있어야 '건강한 나르시시즘'이라는 걸 잊지 않는 게 좋을 것 같다.

∞ '아이 자존감 키워주기 운동'이 젊은 세대의 나르시시즘을 부추겼다. __미국 심리학자 진 트웬지

트웬지가 쓴 『자기중심주의 세대Generation Me』(2006)라는 책의 결론이다. '아이 자존감 키워주기 운동'은 한때 미국과 한국을 미국을 휩쓸었던 육아법이다. 아니 지금도 계속되고 있다. 그 결과는 무엇일까? 미국에서 "나는 잘났다"는 말에 자신이 걸맞는다고 여긴 십대는 1950년

대엔 12%에 불과했지만, 1980년대엔 무려 80%로 늘었다.[37]

1980년대 초반부터 2006년 사이에 대학생들의 나르시시즘 적성검사Narcissistic Personality Inventory 결과를 연구한 트웬지는 "그들은 25년 전 학생들보다 나르시시즘이 훨씬 더 강하다. 현재 기술은 나르시시즘을 높이는 데 필요한 연료 역할을 한다. 소셜 네트워크인 마이스페이스는 유튜브와 마찬가지로 사람들의 관심을 끄는 걸 목적으로 한다"고 말한다. "우리는 아이들의 자존심을 키워주는 것보다 소수의 나르시시스트 집단을 훈련시켜야 할지 모른다."[38]

넷net세대가 '역사상 가장 자기애가 강한 세대'라는 의미에서, 트웬지는 그들을 '미 세대Me generation'라고 부른다. 그는 나르시시즘에 빠진 사람들은 자기 자신에 대해 긍정적이면서 과장된 시각을 갖고 있다고 말한다. 그들은 자신이 실제보다 더 강하고, 더 중요하다고 생각한다. "미 세대는 친하고 안정적인 관계, 공동체 의식, 안전의식, 성인이나 직장인이 되는 간단한 방법과 같이 인간이 갖추어야 할 기본적인 필수요건을 갖추지 못하고 있을 때가 종종 있다."

반면 캐나다의 IT 컨설턴트 돈 탭스콧Don Tapscott은『디지털 네이티브: 역사상 가장 똑똑한 세대가 움직이는 새로운 세상』(2008)에서 이런 반론을 편다. "넷세대는 트웬지 교수가 말한 '나르시시스트들로 이루어진 소규모 집단'이 아니라 평화사절단이다. 넷세대의 행동은 그들이 자신감 있고, 자기확신에 넘치고, 일반적으로 리더들에게 드러나는 자질들을 갖고 있다는 걸 보여준다. 넷세대가 이전 세대에 비해 놀라운 인내력과 심지어 지혜를 보여주고 있다는 사실은 그다지 놀라운 일이 아니다."[39]

두 사람이 싸울 일은 아닌 것 같다. 같은 세대라곤 하지만 이런 사람도 있고 저런 사람도 있다고 봐야 하지 않을까? 트웬지가 말하는 '미 세대'의 경우, "오냐 오냐 너 잘났다" 했더니, 아이들이 정말 자신이 잘난 걸로 생각하게 된 걸까? 미국의 아이들만 그런 게 아니다.

한국도 비슷하다. 다음과 같은 노래 가사들이 그걸 잘 말해주고 있는 게 아닐까? "잘빠진 다리와 외모 너는 내게 반하지. 내 앞에선 니 모든 게 무너지고 말 걸." 한국 걸그룹 애프터스쿨의 노래 〈AH〉다. 이런 나르시시즘 계열의 노래는 많다. "나도 어디서 꿀리진 않어. 아직 쓸 만한 걸, 죽지 않었어."(빅뱅 G-드래곤의 〈하트브레이커〉) "날

보는 사람들의 시선은 싫진 않아. 나는 예쁘니까."(씨야의 〈여성시대〉) "널 내가 갖겠어, 내게서 벗어날 수 없어."(브라운아이드걸스의 〈아브라카다브라〉)[40] 모두 다 소원성취하길 빌 뿐이다. 혹 뜻대로 되지 않더라도 슬퍼하거나 노하지 않기를 바라마지 않는다.

7장

다른 이를 향한
마음에 대하여

사랑 |

❧ 사랑을 아예 하지 않는 것보다는 사랑하고 고통받는 게 낫다. __영국 시인 알프레드 테니슨 경

사랑엔 고통이 따르기 마련이지만, 그 고통은 아무 곳에서나 보거나 겪을 수 있는 종류의 고통이 아니다. 그 고통을 피하기 위해 사랑하지 않겠다는 것은 체하거나 살이 찔 염려가 있다는 이유로 밥을 거부하는 것과 무엇이 다를까?

❧ 사랑은 모든 감정 중에서 가장 이기적이다. __독일 철학자 프리드리히 빌헬름 니체

니체는 "사람들은, 사랑을 하면 자신을 희생하고 타인의 이익을 꾀하므로 사랑은 이타적이라 생각한다. 그러나 이렇게 함으로써 그들은 타인을 소유하려고 하는 것이다"며 "그러므로 사랑이 배신당할 때 사람들은 가장 잔혹해지는 것이다"고 했다.

사랑은 모든 감정 중에서 가장 이기적이니, 사랑을 하

지 말아야 할까? 그게 아니다. 철학자의 말은 뒤집어 생각해보는 데 그 묘미가 있는 것 같다. 사랑을 앞세워 난폭해지는 사람들을 생각해보라. 사랑의 배신을 당했다고 복수를 꿈꾸거나 실행에 옮기는 사람들을 생각해보라. 그 경우엔 니체의 주장에 박수를 보내지 않을 수 없다. 남녀간의 사랑만 그런 게 아니다. 특정 정치인을 사랑한다는 이유로 그 정치인에 대한 비판을 견뎌내지 못하고 흥분하는 사람들이 우리 주변엔 의외로 많다. 그런 사람들은 과연 무엇을 사랑하는 걸까? 자신의 판단과 선택에 대한 극도의 이기심을 사랑으로 포장한 건 아닐까?

✎ **사랑이란 한 여자가 다른 여자와는 다르다고 보는 망상이다.** __미국 작가 헨리 루이스 멩켄

멩켄이 독설가라는 사실을 감안하고 들어야 할 말이긴 하지만, 말도 안 되는 말은 아니다. 사랑은 맹목이며 맹목이어야 하니까. 따라서 반드시 내가 사랑하는 사람은 다른 사람들과는 다르다고 보아야만 한다. 그걸 망상이라고 하더라도, 바로 그 망상을 포기한 사람들이 배신이나 불륜을 저지르는 법이다. 소중한 망상이 있다면, 그건 바로 사랑일 게다. 조지 버나드 쇼는 "사랑은 한 사람과

다른 모든 사람의 차이를 한없이 과장한다"고 했는데,[1] 그 과장이야말로 사랑의 본질이 아닐까?

℞ 사랑말곤 아무것도 필요없다는 식의 사랑은 곧 아무것도 아닌 게 된다. 사랑의 감정은 그 낭만성에도 불구하고 자립해 존재할 수 있는 게 아니다. 그것은 연인들이 서로 사랑하는 것뿐만 아니라 많은 것들을 같이 사랑할 때에만 지속되는 법이다.[2] __미국 저널리스트 월터 리프만

불륜을 저지르고 이혼을 했던 자신의 경험담이자 변명인 것 같아 씁쓸하긴 하지만, 말인즉슨 맞는 말인 것 같다. 같이 사랑하는 게 적더라도 서로 사랑할 순 있겠지만, 그런 사랑은 일상의 장벽을 뛰어넘기가 어렵기 때문이다.

℞ 사랑받고 사랑하려면 용기가 필요하다. __미국 사상가 에리히 프롬

프롬의 대표작 『사랑의 기술』(1956)에서 나온 말이다. 그는 이 용기는 "어떤 가치를 궁극적인 관심사로 판단하는 용기"이며, "이러한 가치에 모든 것을 거는 용기"라며 이렇게 덧붙인다.

"이 용기는 유명한 허풍선이 무솔리니가 '위험하게 살라'는 슬로건을 사용했을 때 말한 용기와는 아주 다르다. 무솔리니가 말하는 용기는 허무주의의 용기이다. 이러한 용기는 삶에 대한 파괴적 태도에, 삶을 사랑할 줄 모르기 때문에 삶을 쉽게 포기하는 데 뿌리박고 있다. 권력에 대한 신앙이 삶에 대한 신앙과 반대되는 것처럼, 절망의 용기는 사랑의 용기에 반대되는 것이다."[3]

프롬이 말한 용기와는 거리가 좀 있을망정, 누구나 사랑을 할 때엔 용기를 내는 법이다. 그 용기는 자신의 마음과 판단력에 대한 회의를 이겨내는 용기다. 사랑을 위해 모든 걸 거는 것도 용기이겠지만, 모든 걸 걸지 않는 것도 용기라는 걸 잊지 않는 게 좋을 것 같다. 너무 현실적인가? 요즘 유행하는 말로 '사랑의 지속가능성'을 위해서다.

☙ 사랑은 서로 마주보는 게 아니라 함께 같은 방향을 바라보는 것이다. __프랑스 작가 생떽쥐베리

워낙 많이 인용돼 이젠 진부해진 말이 되고 말았지만, '사랑의 지속가능성'을 이야기할 때에 빠지지 않고 등장하는 진리 비슷한 것이 되었다. 그가 말한 사랑보다 더

다른 이를 향한 마음에 대하여

좋은 사랑은 함께 같은 방향을 바라보는 동시에 서로 마주보기도 하는 사랑이 아닐까? 그게 어렵다고 서둘러 포기할 일은 아니다.

❧ **사랑은 자본주의 안에 있는 공산주의이다.** ＿독일 사회학자 울리히 벡과 엘리자베트 벡-게른샤임

둘의 공저인 『사랑은 지독한 그러나 너무나 정상적인 혼란』(1990)에서 나온 말이다. 이들은 "노랭이라도 사랑하는 사람에게는 모든 것을 주며, 이는 그를 한없이 기쁘게 한다"며 그렇게 말했다. 또 이들은 '신흥종교로서의 사랑'에 대해 언급하면서 "사랑과 종교는 모두 일상의 고통에서 빠져나와 일상성에 새로운 아우라aura를 줄 수 있다"고 했다.[4]

'자본주의 안에 있는 공산주의'라는 말이 가슴에 와 닿는다. 그러나 공산주의권이 무너졌듯이, 사랑의 공산주의가 파산을 하면 주었던 걸 다시 내놓으라는 흉악한 싸움이 벌어지기 마련이다. 받은 사람이 순순히 내놓지 않으면 법정싸움으로까지 가는 경우도 많다. 그럼에도 우리가 최악을 미리 예상하면서 세상을 살 필요는 없을 게다.

공산주의라는 말에 화들짝 놀랄 필요도 없다. 자본주의 경쟁이 지긋지긋해 일상이 고통스럽다면, 일상에 천지개벽을 몰고 올 사랑에 푹 빠져보는 건 어떨까? 물론 기혼자는 새로운 사랑을 만들 생각을 하진 말고 사그라든 불꽃을 되살려보는 게 좋겠다.

다른 이를 향한 마음에 대하여

열애 |

❧ 당신이 날 사랑해야 한다면, 오직 그 무엇도 아닌 사랑만을 위해서 사랑해 주세요.[5] __영국 시인 엘리자베스 브라우닝

무슨 의미일까? "난 그녀의 미소 때문에, 외모 때문에, 부드러운 말씨 때문에, 나와 잘 맞는 그리고 힘든 말에도 확실히 기분 좋은 편안함을 주는 사고방식 때문에, 그래서 나는 그녀를 사랑해." 이런 식으로 말하면 안 된다는 것이다. 이런 사랑의 이유들은 언제든지 변할 수 있고 깨질 수 있기 때문이라나.

브라우닝은 불멸의 사랑을 꿈꾸었나 보다. 숙연해지는 느낌을 갖다가도 사랑만을 위해서 사랑한다는 것의 정체가 무엇인지 그게 의아해지는 건 어쩔 수가 없다. 처음 만난 사람과 '사랑만을 위한 사랑'은 할 수 없는 게 아닌가? 미소건 외모건 말씨건 사고방식이건, 끌리는 그 무엇인가가 있어야 하는 게 아닌가? 시詩를 모르는 무식하고 메마른 사람의 저급한 분석인가?

오직 당신만이 이 세상을 옳은 것처럼 만들 수 있어요. 오직 당신만이 이 어둠을 밝게 만들 수 있어요. __미국 보컬 그룹 플래터스의 노래 〈오직 당신만이〉

마치 끝장을 보겠다는 듯 '당신' 찬양은 계속 이어진다. "당신은 나의 운명이에요. 당신은 실현시킬 나의 꿈이에요." 사랑이 종교라면 그건 하나뿐인 당신만을 유일신으로 모시는 종교이리라. 유일신 종교는 다른 신을 허용하지도 않고 용납하지도 않기 때문에 '폭력적'일 수밖에 없다. 마찬가지로 사랑도 '폭력적'이다. 꼭 주먹을 써야 폭력적인 게 아니다. 당신 이외의 다른 신을 섬겼을 때에 빚어지는 고통과 혼란을 생각해보라. '오직 당신만'을 말과 행동으로 실천해야 한다. 그건 사랑의 권리이자 의무다.

오직 당신만이 이 세상을 옳은 것처럼 만들 수 있다니, 너무 뜨겁다. 열을 좀 식혀볼까? 에리히 프롬은 『사랑의 기술』에서 성숙하지 못한 사랑은 "나는 사랑받기 때문에 사랑한다"거나 "그대가 필요하기 때문에 나는 그대를 사랑한다"는 것이지만, 성숙한 사랑은 "나는 사랑하기 때문에 사랑받는다"거나 "그대를 사랑하기 때문에 나에게는 그대가 필요하다"는 것이라고 주장했다.[6]

말이 되는 것 같지만, 말이 안 되는 것도 같다. 과연 '사랑'과 '필요'의 선후관계를 구분할 수 있을까? 노골적으로 정략적 사랑이 아닌 다음에야 '사랑'과 '필요'를 무슨 수로 구분할 수 있을까? 프롬이 자본주의적 논리라고 폄하한 '공정성의 원칙'[7], 즉 "사랑을 받은 만큼 준다"는 원칙만 확실하게 지켜진다 해도 이 세상은 아름다운 사랑으로 철철 흘러넘치지 않을까?

자신이 받는 사랑보다 적게 주거나 오히려 "사랑은 움직이는 것"이라며 충동에 의한 배신 때리기까지 하는 사람들이 얼마나 많은가 하는 걸 생각하노라면, 프롬이 욕심을 부리고 있다는 생각마저 든다. 그럼에도 우리 모두 "그대가 필요하기 때문에 나는 그대를 사랑한다"보다는 "그대를 사랑하기 때문에 나에게는 그대가 필요하다"고 말할 수 있는 사랑을 해보는 게 좋다는 데는 이의가 있을 수 없으리라.

   ✎ 당신은 나의 세계예요. 당신은 내가 쉬는 모든 숨이에요. __가수 헬렌 레디의 노래 〈당신은 나의 세계예요〉

노래는 이렇게 이어진다. "당신은 나의 모든 움직임이에요. 당신은 나의 낮과 밤이에요. 당신은 내가 하는 모든 기도예요. 만일 우리의 사랑이 끝난다면 그것은 나를 위한 나의 세상의 끝이에요." 사랑 담론 특유의 과장법을 총집결시켜놓은 것 같은 느낌을 주는 가사지만, 본인이 그렇게 느낀다는 걸 어찌하겠는가. 부디 그 세계가 영원하길 바랄 뿐이다.

✎ 나는 오로지 당신의 행복과 당신의 사랑만을 위해 살겠어요. 나의 마지막 숨을 당신에게 줄 거예요. __캐나다 가수 샤니아 트웨인의 노래 〈이 순간부터〉

"이 순간부터 인생이 시작되었어요." 그 이전의 삶은 인생이 아니라는 걸까? 사랑 노래들은 마치 극단적 과장법의·경쟁을 하는 것처럼 보인다. 남의 사랑을 볼 땐 그렇게 차분하게, 더 나아가 냉소적으로, 감상할 수도 있겠다. 하지만 막상 당신이 사랑의 주인공이 된다면, 이야기는 달라진다. 말로 표현할 수 없는, 언어의 한계가 미워진다.

"그대 내 곁에 선 순간 그 눈빛이 너무 좋아 (…) 당신 없인 아무것도 이젠 할 수 없어 사랑밖엔 난 몰라." 언제 들어도 가슴에 와닿는, 가수 심수봉의 명곡 〈사랑밖에 난 몰라〉다. 대부분의 사람들이 지금은 메마른 가슴으로 살아갈망정 어느 한때 사랑 외엔 아는 게 없었고, 알고 싶지도 않았던 시절이 있었을 게다. 평소 천박하게 생각했던 대중가요(특히 뽕짝)의 가사가 남의 일처럼 여겨지지 않고, 그 어떤 철학자의 고상한 진술보다 더 진리와 진실에 충실하다고 느끼기 시작할 때에 우리는 비로소 자신이 사랑에 빠진 것임을 알게 된다.

그러나 그런 순간에도 우리는 여전히 사랑에 대해 이야기할 수는 없다. 불가리아 출신의 프랑스 철학자 줄리아 크리스테바Julia Kristeva의 주장에 따르자면, "사랑은 나를 흥분시키고 동시에 나를 초월하며 나의 권한을 넘어서기 때문"이다. 자신이 마음대로 통제할 수 있는 감정이라면 그건 사랑이 아닐 수도 있다. 그건 '계산'이다. 이성은 물론 감성까지 완벽한 통제를 하는 사람들이 성공을 하는 세상에서 사랑은 점점 더 희소한 것이 돼 가고 있다. 계산이 사랑을 대체하는 세상이 싫다. 누군가를 아프게 하지 않는 걸 전제로 해서, 우리 모두 죽을 때까지 '사랑밖에 난 몰라'라고 외칠 수 있으면 좋겠다.

❧　도무지 알 수 없는 한 가지, 사람을 사랑하게 되는 일. 참 쓸쓸한 일인 것 같아. __양희은의 노래 〈사랑 그 쓸쓸함에 대하여〉

〈사랑 그 쓸쓸함에 대하여〉에 토로된 가수 양희은의 자전적 고백이다. 열애일망정 차분한 사랑을 해본 사람이라면 누구나 다 이해할 수 있는 말이 아닐까? 사랑을 하면 할수록 쓸쓸해지고 외로워지는 마음, 그 정체는 과연 무엇일까? 분리될 수 없는 하나가 되고 싶지만, 언제든 분리될 수 있다는 가능성에 대한 불안은 아닐까?

다른 이를 향한 마음에 대하여

질투 |

    ✆   시기심은 시기하는 사람과 시기의 대상이 되는 사람이라는 두 명의 인물을 전제로 하는 반면에, 질투는 삼각 관계를 내포하고 있다. __독일 심리학자 롤프 하우블

『시기심』(2001)에서 하우블은 질투와 시기심을 그렇게 구분했다. '질투'는 '시기심' 대신 사용할 수 있는 반면에 그 반대는 불가능하다고. "질투의 형태 가운데 가장 잘 알려진 남녀 간의 질투는 질투심에 불타는 남자, 사랑을 받는 여자, 이 여자를 두고 경쟁하는 남자로 구성된다."[8] 즉 '시기심은 2자 관계, 질투는 3자 관계'로 요약할 수 있겠다.

서양에선 19세기까지만 해도 질투를 피해야 할 질병이나 사랑의 타락 혹은 '악惡의 전염'으로까지 생각했지만, 20세기 들어서면서 예술가와 지식인들은 질투를 자아를 회복하고 소유욕에 집착하지 않는 자유로운 사랑을 하기 위해 반드시 넘어야 할 장애물 정도로 여기기 시작했다.[9] 시기심envy과 질투jealousy는 곧잘 같은 의미로 혼용된다.

미국과 영국에선 혼용의 정도가 87%인 반면 독일에서는 9%에 불과하다는 건, 나라마다 시기심과 질투의 문화가 각기 다를 수 있다는 걸 시사한다.[10]

❧ 질투는 사랑의 깊이를 잴 수 있는 척도가 아니다. 단지 사랑에 빠진 사람의 불안감 정도를 말해줄 뿐이다. __미국 인류학자 마거릿 미드

미드는 "질투는 불안감과 열등의식에 근거한 부정적이고 비참한 정신 상태다"고 단언한다.[11] 하긴 "질투는 녹이 철을 잠식해가듯 심신을 갉아먹는다"는 말도 있다.[12] 하지만, 우리 인간이 어디 질투를 안 할 수 있나? 과도한 게 문제일 뿐, 적당한 수준의 질투는 좋은 게 아닐까?

❧ 질투는 질병이고, 사랑은 건강한 상태다. 미숙한 정신은 흔히 이 둘을 착각하거나, 사랑이 클수록 질투도 크다고 생각한다. __미국 SF 작가 로버트 하인라인

그는 질투와 사랑은 양립하기가 불가능하다고 주장한다. "둘 중 한가지 감정이 먼저 들어서버리면, 다른 한가지 감정이 들어설 여지가 거의 사라지기 때문이다. 그리고 두 감정 모두 참을 수 없을 만큼 지독한 혼란을 일으

다른 이를 향한 마음에 대하여

킬 수 있다."[13] 무슨 말인진 알겠지만, 질투가 전혀 없는 사람을 원치 않을 사람들도 제법 있을 것 같다.

❧ 질투한다는 사실을 아무에게도 털어놓을 수 없기에 더 외롭고 고통스럽다.[14] _덴마크 심리치료사 일자 샌드

샌드가 『서툰 감정』(2016)에서 한 말인데, 질투는 질투의 고통뿐만 아니라 자신을 책망하는 고통까지 얻게 되는 이중고二重苦라는 것이다. "질투를 하는 사람은 귀가 얇아진다"는 말이 있는데,[15] 귀 단속을 철저히 하는 게 좋겠다.

그러나 과연 질투로부터 자유로울 수 있는 사람이 있을까? 철학자 김영민은 『사랑, 그 환상의 물매』(2004)에서 질투와 관련된 재미있고도 조금은 놀라운 실화를 소개했다. 50~60대 교수들이 부산 해운대의 어느 호텔에서 부부동반으로 송년회를 가진 뒤 해변을 산책할 때 어느 교수의 제안으로 짝을 바꾸어서 걸었다고 한다. 수일 후부터 그 송년회에 참가한 교수 부부들 사이에서 작고 집요한 말썽이 생겨나면서 질투의 바이러스가 이곳저곳으로 전염되기 시작했고, 급기야 그 교수들의 친목회는 신년회조차 가질 수 없을 정도로 풍비박산이 났다는 것

이다.[16] 요컨대, 교수들이 질투의 괴력을 너무 얕잡아본 것이다.

질투에 대한 진화론적 설명은 자신의 씨를 뿌리는 데 도움을 주기 때문에 질투가 생겨났다는 것이다. 그래서 질투엔 남녀 차이가 없지만 질투를 유발하는 상황의 특징에 있어선 차이가 발견된다. 심리학자 한규석에 따르면, 남자는 배우자가 다른 남성과 성적인 접촉을 하는 것에 대하여 가장 큰 질투심을 보이는 반면에, 여성의 경우는 자신의 배우자가 다른 여성에게 시간과 돈, 마음을 헌신적으로 바치는 상황에 대하여 그가 성적인 접촉을 하는 것보다 더 강한 질투심을 보이는 것으로 나타났다.[17]

질투는 배우자 간의 폭행·살인 사건의 55% 이상에서 관여된 심리적 원인인 것으로 나타났으며, 남자가 남자를 살해한 범죄의 최소한 20%는 여자를 둘러싼 삼각관계가 그 원인이었다. 미국 텍사스주에서는 1974년까지만 해도 자기 아내가 다른 남자와 몸을 섞는 것을 목격한 남편은 그 아내와 정부를 살해해도 법적으로 죄가 되지 않았다.[18]

2004년 영국 서덜랜드대학 심리학 연구팀의 조사결과에 따르면, 세계에서 가장 질투심 강한 남자는 브라질 남성이며, 그 반대는 일본 남성이다. 이 조사는 질투심의 강도가 각국의 출생률과 관련돼 있다고 분석했다. 브라질처럼 출생률이 높은 나라에선 다른 동성의 성적 능력에 대한 경쟁심이 높다는 것이다. 총기 소지가 합법적인 브라질에선 질투로 인해 남자들이 일으키는 사고가 빈번하기 때문에, 브라질 여성들은 남자친구를 구할 때 거의 반드시 질투가 심하지 않은 남자라는 조건을 내건다고 한다. 브라질에 거주하는 임두빈은 "브라질에선 남의 부인이 아무리 예쁘더라도 지나친 칭찬을 삼가라"는 충고를 여러 번 들었다고 했다.[19]

    내가 만일 달이라면, 당신의 눈을 붙잡을 수 있을 텐데. 난 달을 질투해요. __캐나다 가수 샤니아 트웨인의 노래 〈나는 질투해요〉

그에겐 달만이 아니라 바람도, 태양도 질투의 대상이다. "내가 만일 바람이라면, 내가 당신을 날게 할 텐데. 난 바람 역시 질투해요. 난 원해요. 당신의 얼굴에 빛나는 태양이 되길. 연인처럼 쓰다듬으며 난 당신을 포근하게 포옹할 거예요. 우리는 서로를 껴 안을 거예요. 난 태양을 질투해요." 질투를 병으로 취급하는 견해에 따르자면, 달·바람·태양마저 질투하는 샤니아 트웨인의 정신상

태는 위험 수준이라 할 수 있겠다. 하지만 꼭 그렇게 보아야 할까? 사랑하는 사람을 독점하고 싶은 욕망이 무슨 죄란 말인가?

다른 이를 향한 마음에 대하여

이별 |

  왜 태양은 계속해서 빛나고 있나요? 왜 바닷물은 해변가로 몰려 오나요? 그들은 이제 세상이 끝난 걸 모르나요? __미국 가수 스키터 데이비스의 노래 〈세상의 끝〉

울부짖음은 계속된다. "왜 나의 심장은 계속 뛰는가요? 왜 나의 이 두 눈은 울고 있나요? 그들은 이제 세상이 끝난 걸 모르나요? 내가 당신의 사랑을 잃었을 때 이 세상은 끝이 난 거예요."

내 사랑이 끝났다고 해서 태양이 여전히 빛나고 밀물이 해변가로 밀려드는 걸 문제 삼다니 이만저만한 나르시시즘이 아니다. 그러나 사랑의 끝을 겪었던 사람들은 안다. 사랑이 끝난 걸 안 순간, 세상이 너무도 평온하고 너무도 변함이 없는 것에 대해 그 어떤 의아함과 더불어 배신감을 느껴본 적이 없었단 말인가? 사랑의 나르시시즘은 용서받을 수 있는 나르시시즘이 아닌가?

  당신이 지나갈 때마다 나는 산산히 부숴져요. 어떤

사람이 당신의 이름을 부를 때마다 나는 산산히 부숴져요.

__미국 가수 팻시 클라인의 노래 〈나는 산산이 부숴져요〉

클라인은 늘 상대를 갈구하고 상대 때문에 속 태우는 이들을 대변하기로 작정한 걸까? 당신을 볼 때마다, 당신이 지나갈 때마다 산산이 부숴진다니 이 노릇을 어쩌란 말인가? 하긴 그런 비슷한 경험을 해본 이들이 있을 게다. 사랑하는 사람의 무심한 시선과 스쳐 지나감을 느끼면서 내 속의 그 무엇인가가 무너져내리는 듯한 느낌. 아, 그 느낌을 어찌 말로 표현할 수 있을까?

  ∞ 제발 나를 놓아주세요. 나를 가게 해주세요. 나는 당신을 더 이상 사랑하지 않아요. 우리들의 인생을 낭비하는 것은 죄나 다름 없어요. __영국 가수 잉글버트 험퍼딩크의 노래 〈나를 놓아주세요〉

가사 내용이 독하다. "내가 다시 사랑하게 해주세요. 나는 새로운 연인을 찾았어요. 그녀의 입술은 따뜻한데 당신의 입술은 차가워요. 당신이 나에게 매달리면 어리석은 바보예요. 거짓으로 사는 것은 우리를 고통스럽게 해요."

많은 사랑 노래들이 자신을 사랑해달라고, 자신을 버

리지 말아달라고 애절하게 호소하는 것과는 달리 이 노래는 자신을 놓아달라고 호소하니 참으로 이색적이다. 아니, 사랑을 붙들려는 노래에 대한 답가라고 해도 좋겠다. 배신에 대한 변명을 읍소 형식으로 했다고나 할까?

이처럼 이별에 대한 반응은 각양각색이다. "잘가요, 사랑이여/잘가요, 행복이여/이봐요, 외로움이여/내 생각엔 내가 울 것 같아요/잘가요, 사랑이여/잘가요, 그대여/이봐요, 공허감이여/내 느낌엔 내가 죽을 것 같아요/잘가요, 내 사랑이여, 안녕히/내 애인이 새로운 사람과 가요/그녀는 매우 행복해 보여요/나는 매우 우울해요/그가 끼어들기 전까지는 그녀는 내 애인이었어요/지금까지 있었던 로맨스여, 잘가요/내 로맨스가 끝났어요/내 사랑이 끝났어요/저 하늘에 별을 세는 것도 끝났어요/내가 매우 자유로운 건 그 때문이에요/나의 사랑하는 애인이 나와 끝났어요."

돈 에벌리와 필 에벌리 형제로 구성된 에벌리 브라더스의 노래 〈바이 바이 러브Bye Bye Love〉다. 사랑의 이별을 묘사한 노래들이 다 그렇듯이, 이 노래 역시 울 것 같고 죽을 것 같다고 하소연하고 있긴 하지만, 그래도 끝은 비교적 쿨하다. 스스로 자유스럽다고 선언하지 않는가. 헤어진 연인에게 행복하라는 등 주제넘은 허세를 부리지 않는 것도 좋다. 그래서 바이 바이를 외치면서도 경쾌하다. 그래 아무리 사랑했어도 가는 사랑 붙잡진 말자. 스스로 그렇게 다짐하기 위해 애써 경쾌해질 필요가 있다.

✎ 나 후회 없이 살아가기 위해 너를 붙잡아야 할 테지만 내 거친 생각과 불안한 눈빛과 그걸 지켜보는 너 그건 아마도 전쟁 같은 사랑, 난 위험하니까 사랑하니까 너에게서 떠나줄 거야 너를 위해 떠날 거야. —임재범의 노래 〈너를 위해〉

각자 사랑의 내용은 다를망정 '전쟁 같은 사랑'을 해봤거나 지금도 하는 이들이 많을 게다. '거친 생각과 불안한 눈빛'으로 대변되는 나의 열악하고 불운한 처지를 사랑하는 사람이 겪지 않게끔 하겠다는 배려, 그게 사랑이라고 주장하고 있지 않은가. "사랑하니까 헤어진다"는 말은 너무도 진부하게 들리지만, 우리의 삶이란 묘한 것이어서 그런 상황으로부터 자유로울 수는 없다.

"이러면 안되지만 죽을 만큼 보고 싶다." 가수 김범수의 노래 〈보고싶다〉다. 무슨 말이 더 필요하랴. 오늘 밤에도 전국의 수많은 노래방에서 '전쟁 같은 사랑'과 더불어 '보고 싶다'를 절규하는 이들이 많을 게다. 이런 절규는 절실한 심정에서 나온 말이겠지만, 말은 심정과 생각을 규정하기도 한다는 점은 생각해볼 필요가 있지 않을까?

실은 전쟁 같지 않을 수도 있고, 죽을 만큼 보고 싶은 건 아닐 수도 있지만, 그렇게 말해버리는 순간 그건 내가 스스로 만들어내야만 하는 현실이 될 수도 있다. 즉, 내 말에 내가 취해 그런 현실을 창출해낸다는 이야기다. 너무 메마른 분석일까? 하지만 실제로 '전쟁 같은 사랑'을 해보고 죽을 만큼 보고 싶었던 경험을 가진 사람이라면 흔쾌히 동의하리라 믿는다.

"어떻게 하나같이 모든 노래 가사에 나오는 사랑들이 이별을 전제로 하고 있는 것인가."[20] 「사랑 노래에 사랑은 없다」라는 글에서 소설가 최인호가 한 말이다. 그는 사랑을 노래하는 가사가 모두 이별과 헤어짐을 노래하고 있다며, 그게 과연 진실한 사랑 노래냐고 묻는다. "우리에게 아름다운 사랑이 이별을 겪고 난 후에 슬픈 추억처럼 떠오르는 사랑뿐이라면 우리 인간들의 인연이란 얼마나 하찮고 쓸쓸한 것인가."

그렇기도 하겠지만, '드라마'를 요구하는 대중문화의

속성 때문이기도 하다. 최인호는 "사랑은 지금 당신 곁에서 당신을 바라보고 있는 그 사람의 얼굴 속에 있다"고 말하지만, 이걸 사람들의 심금을 울리는 노래로 만들기는 매우 어렵다. 만든다고 해봐야 '건전가요'밖엔 안 된다. 이별을 노래하는 사랑 노래가 부디 이른바 '이별 범죄'를 없애거나 줄이는 카타르시스 치료제가 되길 바랄 뿐이다.

집착 |

✎ 편집광만이 살아 남는다.[21] __인텔 회장 앤디 그로브

원래 이 말은 경제학자 조지프 슘페터의 혁신을 위한 '창조적 파괴creative destruction'와 관련된 말인데, 그로브는 이 말을 자신의 책 제목이자 주제로 삼았다. 편집광은 집착의 끝장을 보여주는 사람이다. 기업은 그렇게 해야만 성공할 수 있다니, 좀 으스스하다.

✎ 성공한 기업들과 성공하지 못한 기업가들을 가르는 기준의 50% 정도는 순전히 '집요함' 여부에 의해 결정된다.[22] __애플 창립자 스티브 잡스

열정엔 두 종류가 있다. 짧은 열정과 긴 열정. 잡스는 두번째 열정의 소유자였다. 징그러울 정도의 집요함, 이게 바로 잡스형 열정의 핵심이었다. 혹 사업을 하려면 먼저 자신에게 집착할 수 있는 기질이 있는지 살펴봐야 하겠다.

❧ 집착은 쇠뭉치가 달린 쇠사슬을 발목에 채우는 것과 같다.[23] _미국 작가 리처드 칼슨

『행복에 목숨 걸지 마라: 지금 당장 버리면 행복해지는 사소한 것들』(2002)에 나오는 말이다. 저자 칼슨은 집착은 두려움을 만들고, 너무 많은 편애로 삶을 극단적으로 만든다고 경고한다. 반면 집착을 떨쳐버리면 엄청난 자신감에 생기면서 스트레스가 사라진다는 것이다. 그런데 그게 어디 뜻대로 되나?

❧ 집착이란 바깥에 멋진 세계를 둔 채 방에 틀어박혀 창문으로만 바깥 풍경을 보는 것과 같다.[24] _일본 작가 나토리 호겐

작가이자 '행동하는 스님'으로 알려진 호겐은 『포기하는 연습』(2017)에서 이렇게 이어간다. "집착은 자기가 걷는 길을 스스로 좁히는 결과를 낳는다. 설령 걷는 폭이 60센티미터일지라도, 길이 넓으면 마음 내키는 대로 걷다 옆길로 새도 금세 원래대로 돌아갈 수 있다. '집착'이라는 좁은 길을 포기하면 편해질 수 있는 길이 많다." 그런데 집착이라는 게 자신도 모르게 이루어지는 것인데다 편해지려고 하는 것은 아니라는 데 문제가 있는 것 같다.

집착과의 싸움에 집착해야만 하는 건가?

  ◈   당신이 보내준 편지를 나는 외우고 있어요. ___미국 가
수 엘비스 프레슬리의 노래 〈당신의 일부면 무엇이든지〉

노래는 이렇게 이어진다. "우리가 같이 갔던 모든 곳을
나는 가보았지요/나는 온종일 구석구석 뒤져 찾아 보는
것 같아요/당신의 일부분이면 어떤 것이든지요."

당신의 일부분이라면 어떤 것에든 매달린다니, 엘비
스 프레슬리는 '변태'인가? 그렇게까지 생각할 필요는 없
겠다. 그녀가 없다면 살아갈 아무런 이유도 없다는 사람
이 아닌가 말이다. 그런데 문제는 이런 강한 집착이 오히
려 이성을 더 멀어지게 만든다는 사실이다. 엘비스가 불
러서 애절하게 또는 멋지게 들릴 뿐, 이미 마음이 떠난
연인은 상대방의 집착을 반기지 않을 뿐만 아니라 혐오
하거나 두려워한다. 어쩌란 말인가. 절제는 사랑에서도
미덕인가? 모를 일이다. "사랑받는 것보다는 사랑하는 것
에 더 큰 기쁨이 있다"는 말이 나오게 된 데는 보답받지
못한 사랑으로 고통받는 이들을 위한 배려가 있었는지도
모르겠다.

❧ 당신이 기르는 개의 그림자가 될게. 당신 그림자의 그림자가 될게.[25] __벨기에 가수 자크 브렐의 노래 〈나를 떠나지 마세요〉

떠나가려는 연인을 붙잡기 위해 발휘한 상상력이 놀랍다. 눈물겹다 못해 섬뜩한 느낌마저 든다.

"만난 사람 모두와 일생을 같이 보낼 수는 없겠지요. 관계라는 것은 언젠가 끝나기 마련입니다. 끝낼 수밖에 없는 이유가 있다면 끝내야 합니다. 물론 끝낸다는 것은 고통스러운 일입니다. 그러나 단기간의 고통이 두려워 마무리하지 못하고, 집착하며 매달리면 삶이 장기간의 비참함으로 얼룩지게 됩니다."[26]

정신분석의 정도언이 비극적인 집착에 사로잡힌 청춘 남녀들을 위해 주는 조언이다. 사랑하는 사람이 기르는 개의 그림자가 되겠다는 건 그렇게 말하는 사람도 인정할 극단적 과장법이지만, 우리 인간은 때로 자기가 뱉은 말의 포로가 되기도 한다. 그러니 자신을 그렇게 몰아가는 건 자신의 사랑을 스스로 유린하고 모욕하는 '스토커'로 가는 길임을 잊지 말자.

8장

섹스와 젠더의
문제들

섹스 |

❧ 이 세상의 모든 즐거움 중에서 인간이 가장 신경을 쓰는 것은 성교이다. 인간은 그것을 위해 어떤 위험이라도 무릅쓸 것이다. 재산, 인격, 평판, 심지어 인생 그 자체까지도 내걸 것이다. 그런데 인간이 그만 무슨 짓을 저질렀는지 아는가? 자신이 생각하는 천국에서 그것을 빼버렸다! 기도가 그 자리를 대신 차지했다.[1] __미국 작가 마크 트웨인

"같은 사람과 두 번 섹스를 하는 사람은 이미 체제에 안주한 사람이다."[2] 1968년 전세계의 젊은이들이 "금지를 금지하라"고 외치면서 기성세대의 지배체제에 대대적인 저항운동을 벌인 이른바 '68혁명'의 와중에서 나돌던 슬로건이다. 여러 사람과의 섹스를 통해 시민계급의 고루함에서 벗어나고자 하는 희망으로 그리 말한 것이지만, 섹스 파트너의 수는 체제 안주 여부와 별 관계가 없다는 것이 충분히 밝혀졌다.

❧ 권력은 최고의 최음제다.[3] __미국 정치가 헨리 키신저

자주 인용되는 명언이다. 여성이 높은 지위, 즉 강한 권력을 가진 남성을 선호하더라는 자신의 경험담을 털어 놓은 걸로 볼 수 있겠다. 그러나 모든 여성이 다 그런 건 아니니, 그 최음제의 힘을 너무 믿지 않는 게 좋을 것 같다. 인류학자 헬렌 피셔Helen E. Fisher는 『제1의 성』(1999)에서 이런 말이 나오게 된 배경에 대해 다음과 같이 설명한다.

"여성들은 아마 자신들의 선조들이 숲에서 살기 시작한 이래로 지위가 높은 남성에게 '성적 자극'을 받아왔을 것이다. 선조 여성들은 아기들에게 생존을 걸었기 때문이다. 사회적 권력이 막강한 남성과 짝을 맺은 여성들은 자기 배우자의 지력과 기지, 카리스마 등 결정적인 요소들을 획득했다. 그 요소들은 결국 아이를 보호하고 부양하는 능력이었다."[4]

    종교야말로 섹스를 먹고 자라는 나무다. __미국 심리학자 대럴 레이

종교학자이기도 한 대럴 레이Darrel W. Ray가 『침대 위의 신』(2012)이란 책에서 이렇게 말했다. "성적인 금제禁制는 모든 주요 종교의 DNA 안에 포함되어 있다. 성적인 금

제가 없다면 종교 자체가 붕괴할지도 모른다. 가장 성공적인 종교들은 성적인 억압과 성에 대한 비난에 기대고 있다. 그들은 성적인 억압으로 쌓인 에너지와 죄책감을 성장과 권력 유지에 이용한다. 성적인 억압이 없다면 종교는 이점을 잃어버릴 것이다."

근본주의 기독교 집안에서 태어나 성장한 레이는 감리교신학대학에서 종교학으로 석사 학위를 받을 때까지만 해도 스스로를 목사가 될 운명이라고 생각했지만, 종교의 이면을 보면서 달라졌다. 그는 교회 지도자들이 성적인 비행을 저지르는 경우가 놀라울 정도로 많다는 것을 알게 되면서 마흔 살에 무신론자로 전환해 심리학을 전공했다. 종교는 인간이 지킬 수 없는 규율을 강요한 뒤 그것을 어긴 인간이 죄책감과 수치심을 느끼게 만들며, 그 수치심을 씻어내기 위해 다시 종교에 집착하는 '죄책감 사이클' 속에서 자신의 존재를 유지하고 확장시켜왔다는 것이 레이의 주장이다. 그래서 그는 "침실을 훔쳐보는 신은 없다. 마음껏 섹스를 즐겨라"는 결론을 내린다.[5]

❧   만약 굳이 결혼을 할 경우, 권태기에 들어섰을 때 '스와핑 섹스'를 즐기면 '스릴'과 '서스펜스'를 맛보게 되

어, 부부간의 사랑이 다시 도타워질 수도 있다.[6] _작가 마광수

건국 이래 섹스에 대해 가장 솔직했던 사상가요 국문학자이자 작가인 마광수가 『행복 철학』(2014)에서 한 말이다. '도타워진다'가 아니라 '도타워질 수도 있다'고 말한 게 다행이다.

스와핑을 혐오하는 사람들은 '말세'라며 개탄하지만, 스와핑 지지자들은 스와핑을 '대안적 라이프스타일al-ternative lifestyle'일 뿐이라고 주장하며, 스와핑의 가장 좋은 점으로 성적 만족과 더불어 배우자를 속일 필요가 없다는 점을 강조한다.[7] 국내에서도 10여 년 전 스와핑 중개 인터넷 사이트에 가입한 회원이 5000명을 넘는 걸로 밝혀져 세상을 깜짝 놀라게 만들었다. '권력'보다 강한 '최고의 최음제'가 '스릴'과 '서스펜스'라는 걸 입증하면서 실천해보려는 걸까?

결혼 |

❧　내 조언은 결혼하라는 것이다. 좋은 아내를 만나면 행복할 것이고 그렇지 않으면 철학자가 될 것이다.[8] ―고대 그리스 철학자 소크라테스

❧　결혼은 인간이 성장할 수 있는 마지막이자 최상의 기회다. ―오스트리아 안과의사 조지프 바스

이렇듯 결혼을 사색과 배움의 계기로 여긴 명언들이 적지 않다.

반면 "결혼은 사랑의 무덤이다"라며 부정적으로 결혼을 바라보는 말도 있다. 격언이라고 하기엔 좀 거시기한 속설이지만, 충분한 근거는 있다. 2012년 미국에서 조사한 연구결과에 따르면, 혼자 사는 사람이 외롭다고 느낀 비율은 26.7%에 불과한 반면, 결혼한 사람 중 외로움을 느끼는 사람은 62.5%나 됐다. 정신과전문의 김병수는 "같이 살고 있는 배우자와 정서적으로 단절되면 외로움의 고통은 더 커진다"고 말한다.[9]

❧　사랑은 이상, 결혼은 현실이다. 현실과 이상을 혼동하면 반드시 그 대가를 치르기 마련이다. __독일 시인 요한 볼프강 괴테

물론 이젠 옛날 이야기다. "사랑은 현실, 결혼은 이상"이라고 생각하는 사람들이 많아졌으니까 말이다. 다만 유효한 건 현실과 이상을 혼동하면 반드시 그 대가를 치른다는 경고다. 그래서 이상과 현실의 괴리를 없애기 위해 기존 결혼제도를 의심하면서 문제를 보완하기 위한 다양한 실험들이 전세계적으로 전개되고 있다. 어떤 실험을 하건 한국에서 가장 필요한 건 부모들의 변화다. 다른 자녀들의 결혼에 개입하지 말고 결혼을 '개인 대 개인'의 만남으로 인정하고 존중해야 한다는 것이다.

❧　남자는 결혼하면 둘이서 영원히 변치 않을 것으로 믿고 여자는 둘이서 변할 것이라고 믿고 결혼한다. 그러나 둘 다 반드시 실망하게 된다. __물리학자 앨버트 아인슈타인

결혼이 물리학은 아닌 만큼 그의 주장에 권위를 인정할 수는 없다. 실제로 반대의 경우도 적잖이 발견되니까 말이다. 연애할 땐 모든 걸 다 바치고 희생의 화신이 될 것처럼 굴다가 결혼 후 표변하는 남자가 오죽 많나. 하지

만 분명한 것은 변하느냐 변치 않느냐를 판가름할 수 있는 가장 중요한 기준은 추상적인 사랑이 아니라는 것이다. 문제의 핵심은 현실적인 가사노동일 경우가 많다. 남자들은 사랑을 가사노동 분담으로 이해하고 표현해야 하는 게 아닐까?

❧ 결혼 문제를 다뤄 유명해진 소설가는 많지만 행복한 결혼생활을 성공적으로 다룬 소설은 지금껏 없었다.[10] __미국 작가 레슬리 피들러

결혼엔 소설가들이 사랑하는 온갖 갈등들이 홍수 사태를 빚을 정도로 많다. 행복한 결혼생활에선 그럴 듯한 이야깃거리를 찾기 어렵다. 행복한 척 하는 위선을 고발하겠다는 악취미를 가진 소설가가 아니라면 거들떠볼 필요가 없는 것이다. 결혼을 하기 전, 결혼생활을 하면서, 침을 흘리는 소설가들의 얼굴을 떠올려보면서 갈등 관리를 슬기롭게 하는 게 좋겠다.

❧ 성공적인 결혼은 당연히 따라야 하고 절실히 필요로 하는 배려와 존중이 있어야 가능하건만 너무도 자주 당연한 것으로 여겨지고 있다.[11] __미국 심리학자 존 고트만과 낸 실버

두 사람이 함께 쓴 『성공적인 결혼생활을 위한 7대 원칙』(1999)이라는 책에 나오는 말이다. 지난 40년간의 통계를 살펴보자면, 미국인들의 첫번째 결혼이 이혼으로 끝나는 건 전체의 67%, 두번째 결혼이 이혼으로 끝나는 건 전체의 77%에 이른다. 공들여 가꾸고 키워야 할 것을 당연한 것으로 간주한 결과다. 어찌 결혼뿐이랴. 모든 행복이 다 그런 게 아닐까. 인간세계에서 저절로 생겨나거나 자라나는 건 아무것도 없는 법이다.

"많은 전문가들의 주장과는 달리, 성공적인 결혼생활을 위해 두 사람 사이의 주요 갈등을 해결하고 넘어갈 필요는 없다." 고트만과 실버의 조언이다. 우리는 보통 갈등은 해결해야 한다고 생각하지만, 바로 거기에 함정이 있다는 게 두 사람의 주장이다. 서로 크게 다른 성격에서 비롯된 갈등이라면 그걸 무슨 수로 해결할 수 있을까? 오히려 갈등을 해결하려는 시도가 역효과를 낳을 수 있다. 차이를 그냥 인정하고 들어가는 게 훨씬 더 나은 해법일 수 있다는 것이다.[12]

마광수는 결혼에 관한 이 모든 명언들을 비웃는 것 같다. 그는 결혼은 '섹스의 무덤'이라며 이렇게 말한다. "결혼 후엔 반드시 '권태'가 따른다. 사랑도 없어진다. 그러나 사람들은 사랑의 대체물(또는 섹스의 대체물)인 '정情' 때문에 그럭저럭 살아간다. 하지만 미래로 가면 '정'보다 '섹스'가 중요시되어 결국 '결혼제도'는 없어질 것이다."[13]

✿ 성공적인 결혼이란 매일 다시 지어야 하는 건축물이다. __프랑스 작가 앙드레 모로

만약 결혼제도가 없어지지 않는다면, 모로의 이 조언을 따르는 게 좋겠다. 결혼 전의 연애 감정을 내내 울궈먹지 말라는 말이기도 하다. 결혼은 새로운 세계로의 진입인데, 구세계의 질서와 감정만 고집하다간 모든 게 다 무너지고 만다. '일신우일신日新又日新'이라는 한자 고사성어가 있다. 날이 갈수록 새로워진다는 뜻인데, 신혼 집을 방문할 때에 이걸 액자로 만들어 선물해주는 게 좋을 것 같다.

가족 |

❧ 용맹한 자의 마음을 연약하게 만들고 온갖 비겁함과 양보를 촉구하며, 젖과 눈물의 바다 속으로 사라지게 만드는 가정에 저주 있으라![14] __프랑스 작가 귀스타브 플로베르

여성의 감상주의를 맹렬하게 비난했던 플로베르는 그 연장선상에서 가족은 남성적 특성을 약화시키고 활력을 감소시킨다고 비난했다. 그는 독신을 고수하면서 자신에게 문학적으로 큰 영향을 미친 어머니, 일찍 죽은 누이동생의 딸, 그리고 늙은 하녀와 함께 조용히 칩거생활을 하는 은둔자로 살았다.

❧ 가족은 자연의 걸작품 중의 하나다. __미국 철학자 조지 산타야나

조지 산타야나는 스페인 출신으로 어릴 때 미국으로 이주해 살다가 하버드대학 철학교수가 되었다. 그러다 1912년 미국을 떠나 유럽으로 건너가 활동한 세계주의자였다. 그는 존 듀이의 실용주의가 무사고無思考의 도그

마를 만들어 하나님과 무한한 도덕적 가치를 배제한 '세속종교'를 도입함으로써 '에덴동산의 뱀'이 되었다고 비판했다.[15] 아마도 그래서 가족 예찬의 길로 나섰으리라.

    ❧ 가족생활은 너무 친밀해 정의의 정신에 의해 유지되지 않는다. 그것은 정의를 뛰어넘는 사랑의 정신에 의해 유지될 수 있다. __미국 정치학자 라인홀트 니버

너무도 당연해서 쉽게 이해할 수 있는 말이지만, 문제는 가족 밖의 세계와 맺는 관계. 자기 자식의 이익을 위해 사회적으로 정의를 외면하거나 불의를 저지르는 부모들이 너무 많다. 정말이지 징그럽다 못해 역겨울 정도가 아닌가?

    ❧ 가족이여, 나는 그대를 증오하노라![16] __프랑스 소설가 앙드레 지드

신앙심이 강한 사람들은 가족을 예찬하거나 긍정하는 경향이 있지만, 가족엔 문제도 많다. 앙드레 지드가 플로베르의 뒤를 이어 『지상의 양식』(1897)에서 한 말이다. 당시 프랑스 사회는 가부장제의 독기가 하늘을 찌르던 때였다. 권위주의적인 아버지는 자식들의 배우자들까지

결정할 수 있었던 시절이니, 가족을 증오하는 자식들이 나오는 게 당연한 일이었는지도 모른다.

    🙠   **당신의 출신 가문은 당신이 앞으로 만들려고 하는 가족보다 중요하지 않다.** __미국 작가 링 라드너

백번, 천번 옳은 말이지만 중요한 건 상대편이다. 자녀의 결혼에 강력 개입하는 부모들은 배우자 후보의 집안을 살펴본 후에 그걸 결혼의 반대 이유로 드는 경우가 많으니 말이다. 나름 세상을 살아본 경험에서 비롯된 '지혜'이겠지만, 늘 이런 이야기를 전해 들으면 씁쓸해지는 건 어쩔 수 없다.

    🙠   **행복한 가족은 모두 엇비슷하고 불행한 가족은 불행한 이유가 제각기 다르다.** __러시아 작가 레프 톨스토이

소설 『안나 카레니나』(1877)에 나오는 유명한 첫 문장이다. 재레드 다이아몬드Jared Diamond는 『총, 균, 쇠: 무기·병균·금속은 인류의 운명을 어떻게 바꿨는가』(1997)에서 이 말을 끌어들여, '안나 카레니나의 법칙'이라는 걸 만들었다. 그는 "이 문장에서 톨스토이가 말하려고 했던 것은, 결혼생활이 행복해지려면 수많은 요소들이 성공적

이어야 한다는 것이었다"며 다음과 같이 말한다.

"즉 서로 성적 매력을 느껴야 하고 돈, 자녀교육, 종교, 인척 등등의 중요한 문제들에 대해 합의할 수 있어야 한다. 행복에 필요한 이 중요한 요소들 중에서 어느 한 가지라도 어긋난다면 그 나머지 요소들이 모두 성립하더라도 그 결혼은 실패할 수밖에 없다. 이 법칙을 확대하면 결혼생활뿐 아니라 인생의 많은 부분을 이해하는 데도 도움이 된다. 우리는 흔히 성공에 대해 한가지 요소만으로 할 수 있는 간단한 설명을 찾으려 한다. 그러나 실제로 어떤 중요한 일에서 성공을 거두려면 수많은 실패 원인들을 피할 수 있어야 한다."[17]

"식민지 시대에 '내 쉴 곳은 작은 집, 내 집뿐이리'라는 가사가 왜 그렇게 공전의 히트를 치며, 이 당시의 감각을 지배했던 것일까?" 백지혜가 『스위트 홈의 기원』(2005)에서 던진 질문이다. 1930년대부터 김재인이 번안한 영국 노래 〈즐거운 나의 집〉이 유행하기 시작했다. 이어 변영로의 시에 현제명이 곡을 붙인 〈즐거운 내 집 살림〉이라는 노래가 나왔는데, 전국민이 따라불렀다고 한다. 당시의 여성 잡지들은 저마다 행복한 가정 만들기를 외쳤다. 여성지는 물론 종합지에서도 '가정탐방기'를 연재했

으며, 사회 저명인사들의 집을 탐방해 기사화했다.[18]

오늘날엔 어떨까? 문학평론가 이명원은 전혜성의 장편소설 『마요네즈』에 나오는 "가족은 안방에 엎드린 지옥", 배수아의 장편소설 『랩소디 인 블루』에 나오는 "가족은 흡혈귀"라는 표현 등을 예로 들면서, 많은 젊은 작가들이 '가족 파시즘'을 고발하고 있는 점에 주목했다.[19]

"대부분의 사람들이 일과 가정생활을 제로섬게임으로 봅니다. 한쪽에 열중하면 다른 쪽은 소홀해지게 된다는 식으로 말입니다. 그러나 우리의 연구 결과는 일을 어떤 식으로 하느냐에 따라 가정생활과 일의 성과가 동시에 향상될 수 있다는 걸 보여주고 있습니다."[20] 미국 '가정-노동연구소'의 소장인 엘렌 갤린스키Ellen Galinsky가 일과 가정은 제로섬게임이 아니라고 주장하면서 한 말이다.

❧ 가족은 단어가 아니다. 가족은 문장이다Family is not a word. Family is a sentence. __어느 할리우드 영화의 광고 문구

외화번역가 이미도의 해설에 따르면, 이 말은 "여러 개의 단어가 모여 하나의 완전한 문장이 만들어지는 것처럼 아버지와 어머니, 아들과 딸 등 식구가 다 모여 화목하고 행복한 가정을 이룰 때 비로소 그 가족은 완전한 문

장처럼 완성된다는 뜻"이다.[21]

　그러나 '1인가구'의 급증과 더불어 '가족 해체'의 조짐까지 보이는 오늘날, '문장'보다는 '단어'가 더 좋다고 말할 사람들도 많을 것 같다. '완전한 문장'을 만드는 게 너무 어렵고 너무 많은 불편과 희생을 요구한다는 이유로 말이다. 가족의 약화로 인해 절약되는 에너지가 '사회의 가족화'로 나아가는 동력이 된다면 좋겠지만, 그건 아니라는 데 우리의 고민이 있다.

남녀차이 |

❧ 여성성의 근본적인 결함은 정의감을 갖고 있지 않다는 것이다. _독일 철학자 아르투르 쇼펜하우어

명언이라고 꼭 현명하고 정의로운 말만 있는 건 아니다. 쇼펜하우어의 이 말은 그의 염세적이고 여성혐오적인 면모를 잘 보여준다고 하겠다. 그는 "결혼은 당신의 권리를 반감시키고 의무를 배가시키는 것이다"라거나 "인생은 일종의 실수다. 존재 그 자체엔 아무런 가치가 없다"는 말도 했다. 이에 대해 철학자 윌 듀런트는 이렇게 꼬집는다. "평생을 거의 하숙생활로 보낸 사람이 어떻게 염세적이지 않겠는가? 그리고 하나뿐인 자식을 사생아로 버려둔 사람이? 그의 불행의 가장 큰 원인은 정상적 생활의 거부—여자와 결혼과 자녀의 거부—였다. 그는 부모가 되는 것을 최대의 악으로 생각했다."[22]

❧ 여성은 본능적으로 조잡하고 거친 표현을 피함으로써 언어 발전에 크고 광범위한 영향력을 행사한다.[23] _덴마크

❧ 　여자의 추측은 남자의 확신보다 훨씬 더 정확하다.
__영국 작가 러드야드 키플링

긍정적인 쪽이든 부정적인 쪽이든 남성과 여성의 차이를 이야기하는 말은 다수가 존재한다. 세계적인 베스트셀러 『화성에서 온 남자, 금성에서 온 여자』(1992)는 그러한 남녀간의 차이를 모아놓은 책이다.

예컨대 저자인 존 그레이John Gray는 직장에서 남녀가 이성에 대해 제대로 이해하지 못하는 부분을 '사각지대 blind spot'라고 표현하면서 그중 하나로 인정認定에 관한 인식 차이를 지적했다. 그가 직장인들을 대상으로 실시한 설문조사에 따르면, 남성의 79%가 일터에서 인정받는다고 느끼는 반면 여성은 48%만 인정받는다고 느낀다. 이렇게 차이가 나는 원인은 인정에 대한 남녀의 정의가 다른 데도 있다는 것이다.

"남성은 결과에 대해 인정받고 싶어 합니다. 목표를 달성해 그 공로를 인정해주면 기분이 좋아집니다. 하지만 여성은 그냥 목표만 성취했다고 칭찬받길 원하지 않아요. 그보다는 그 목표를 성취할 때까지의 모든 과정을 칭찬받길 원합니다. 목표를 달성하기 위해 피곤했고, 야근을 했고, 그걸 극복했다는 여정을 인정받고 싶어하는 겁니다."[24]

쐐 그럴 듯하긴 하지만, 그레이의 책은 페미니스트들로부터 '젠더 본질주의'라는 비판을 받았다. 젠더 본질주의는 남성과 여성에게 이분법적이고 고정적인 차이가 있기 때문에 그 차이가 '자연스럽게' 행동과 성격의 차이로 나타난다는 믿음 또는 주장이다. 이걸 알아야 남녀가 서로 이해하고 행복하게 지낼 수 있다는 주장이 90년대에 홍수처럼 쏟아져 나왔다. 그 선두 주자가 바로 존 그레이였다. 그는 "이혼율이 높아진 이유는 페미니즘이 여자들의 자립을 부추기기 때문이다"는 발언으로 많은 페미니스트들의 분노를 사기도 했다.[25] 그렇다면 남녀의 차이에 대해 말하면 무조건 젠더 본질주의인가? 그건 아니다. 누가, 어떤 관점과 자세로 말하느냐가 중요하다.

　　쐐　남성적인 남성의 가장 아름다운 점은 여성적인 것이고, 여성적인 여성의 가장 아름다운 점은 남성적인 것이다.

___미국 비평가 수전 손택

헬렌 피셔는 『제1의 성』(1999)에서 이 말의 의미에 대해 "어느 누구도 전적으로 남성이거나 전적으로 여성일

수는 없다"고 말한다.[26]

"여자와 남자는 높은 음음을 낼 수 있는 똑같은 능력을 타고났지만, 남자는 여자처럼 들릴까봐 높은 음을 쓰지 않게끔 사회화돼왔다."[27] 호주 페미니스트 학자 데일 스펜더Dale Spender의 말이다. 일부러 저음低音으로 무게 잡는 남자들, 너무 그러지 않는 게 좋을 것 같다. 같은 남자들이 보기에도 영 거북하니 말이다.

❧   남녀 모두 상대를 필요로 하지만 남자가 더 절박하다. 남자는 친밀감 수요자인 반면 여자는 친밀감 공급자이기 때문이다.[28] __미국 커뮤니케이션 학자 카린 루빈스타인와 필립 쉐이버

두 사람이 함께 쓴 『친밀감을 찾아서』(1982)라는 책에 나오는 말이다. 남녀 모두 이성을 원할망정 남자들이 더 적극적으로 이성을 찾아나서는 이유가 바로 그것 때문인가?

❧   남자는 욕망하는 상대를 사랑하고 여자는 사랑하는 상대를 욕망한다.[29] __프랑스 정신과의사 파트릭 르무안

『유혹의 심리학』(2004)이란 책에 등장하는 말이다. 말 장난 같기도 하고, 그럴 법 하다는 생각이 들기도 하지만,

그런 심오한 경지에 들어가보질 못해 잘 모르겠다. 각자 판단하시기 바란다.

    ❧   남자는 쉽게 잊지만 결코 용서하지 않고 여자는 쉽게 용서하지만 결코 잊지 않는다.[30] __미국 정신분석학자 제임스 보그

보그가 『마음의 힘』(2010)이란 책에서 한 말이다. 남자와 여자는 뇌에서 정보를 저장하는 방식이 다르다는 등 과학적인 설명이 뒤따르긴 하지만, 글쎄 과연 그런 건지는 잘 모르겠다.

    ❧   체면은 여자에게도 중요하고 수치심 역시 남자에게도 중요하다. __정신과의사 정혜신

흔히 체면은 남자의 것, 수치심은 여자의 것으로 보는 경향이 있으나, 결코 그렇지 않다는 말이다. 정혜신은 수치심 또는 부끄러움을 "자아에 집중하고 자존감 있는 사람만이 느낄 수 있는 소중한 감정"으로 정의하면서 한 40대 남자의 주장을 소개했다.

"40대 초반의 한 남자가 화장실에서 소변을 보고 있는데 청소부 아줌마가 들어와 대걸레로 바닥을 닦다가 그에게 발을 들어달라고 요구했다. 그의 표현에 따르면

'마치 강아지처럼 한쪽 발을 들고 소변을 보면서' 말할 수 없는 수치심과 짜증이 솟구쳤단다. 왜 남자를 수치심도 모르는 '무치無恥의 존재'로 취급하는가. 혹시 성적인 측면에서 남자가 여자에 비해서 수치심의 강도가 약할지는 몰라도 오히려 전반적으로는 남자가 여자보다 수치심에 민감하다는 게 그의 항변이다. 남자들이 잘 쓰는 '쪽팔리다'는 속된 표현을 수치심의 한 증좌로 해석해보면 그 의미가 더 명확해진단다."[31]

우리 주변엔 남녀 차이에 관한 잘못된 속설이 많다. "남자는 체면, 여자는 수치심"과 같은 잘못된 고정관념은 하루 빨리 버리는 게 좋겠다. 우리 인간은 성별·인종·지역 등으로 사람들을 나눠 그 어떤 딱지 붙이기를 즐겨하는 경향이 있지만, 그렇게 하기엔 이 세상 사람들은 너무도 각양각색各樣各色이다.

페미니즘 |

✿ 나는 여자들이 남자들에게 힘을 발휘하길 바라지 않는다. 자신들에게 힘을 발휘하길 바란다.[32] __영국 작가 메리 울스턴크래프트

메리 울스턴크래프트가 페미니즘의 기원으로 불리는 『여성의 권리옹호 A Vindication of the Right of Woman』(1792)에서 한 말이다. 그는 최초의 공상과학 소설 『프랑켄슈타인』(1818)의 작가인 메리 셸리Mary Shelley의 어머니이자, 아나키즘의 선구자인 정치철학자 윌리엄 고드윈William Godwin의 아내이기도 하다.

✿ 여성의 사회적 지위는 문명의 수준을 말해준다. __미국 페미니스트 엘리자베스 캐디 스탠턴

여성 인권사는 문명 발달사라고 해도 좋겠다. 스탠턴은 이런 말도 남겼다. "여성들이 자기 개발을 하는 데 방해가 되는 가장 큰 요소는 자기 희생이다."[33]

❧ 밧줄의 존재를 아는 여성은 쉽게 묶이지 않는다.[34]
__미국 여배우 메이 웨스트

이 말에서 볼 수 있듯이, 웨스트는 말 펀치가 강했다. 그래서 극작가로도 활동했다. 그녀는 특히 여성의 심리나 여성관을 짧은 말로 표현하는 재주, 특히 촌극과 이중 의미의 재담에서 독보적인 인기를 누렸다.

❧ 개인적인 것이 정치적인 것이다The personal is political.
__미국 페미니스트 캐롤 허니쉬

캐롤 허니쉬가 1969년에 발표한 에세이의 제목으로, 이후 널리 사용된 페미니스트 구호가 되었다. 공·사 영역의 분리는 남성권력을 강화한다. 공적 영역에선 남녀가 평등한 척 하지만, 가정과 같은 사적 영역에선 남성 우월주의가 바뀌지 않고 있다. 가정은 권력관계의 무대다. 가사노동과 육아가 왜 여성만의 몫이란 말인가. 이런 문제의식하에 여성운동은 사적인 개인 영역도 투쟁의 주요 무대로 삼았다. 이후 성적 괴롭힘, 배우자 학대 등과 같은 문제들이 큰 사회적으로 크게 조명되었다.[35]

1969년에 결성된 페미니스트집단인 '붉은 스타킹Redstockings'은 좀더 간명하게 "만약, 모든 여성이 똑같은 문제를 공유한다면, 이 문제가 어떻게 개인적일 수 있겠는가? 여성의 고통은 개인적인 것이 아니라 정치적인 것이다"고 설명했다. 이 단체는 여성들의 '의식 고양'이라는 개념을 중심으로 활동했다.[36] 그러나 이런 '급진주의 여성해방론'은 "'개인적인 것이 정치적인 것이다'라는 슬로건을 확산시킴으로써 지나치게 내부지향적이고 자기만족적인 분리주의를 고집하여 정치적 사회영역에서의 여성억압에 대한 투쟁을 포기하게 하는 결과를 낳았다"는 주장도 있다.[37]

    � 남성은 아버지의 어깨 위에서 세상을 조망한다. __미국 역사가 거다 러너

러너는 "여성들은 그 어떤 인간집단보다도 오랫동안 타인에 의해 규정되고 '타자'로 규정되었으며, 그 어떤 집단보다도 오랫동안 자신의 역사에 대한 지식을 박탈당했다"고 말한다.[38] 이와 관련, 여성학자 정희진은 이렇게 말한다. "남성은 자기 경험과 욕망을 중심으로 족보('역사')를 만든다. 역사 이야기는 남성들이 열광하는 장르다. 자기 삶이 곧 인류의 역사라는 착각을 주기 때문이다. 하지만 여성의 자기 인식은 역사와 연결되기 어렵다. 남성은

자기를 과잉 보편화하고, 여성은 자기 역사를 모른다."[39]

페미니즘에 반대하는 사람들 중엔 여성들도 많다. 특히 미혼보다는 기혼 여성들 중에 많다.

이와 관련, 미국 인류학자 마저리 울프Margery Wolf는 중국 여성의 삶에 성취적이고 획득적인 성격이 두드러진다는 점을 강조하면서 '자궁가족uterine family'이라는 개념을 제시했다. 이 개념에 대해 문화인류학자 조한혜정은 "남편의 집에 편입된 가장 낮은 지위에 있던 젊은 여성은 점차 자신이 낳은 '핏줄'을 이 집안에 더해감으로써 자신의 세력권을 구축해간다. 자궁가족 내에는 자신이 낳은 자녀들과 며느리가 포함되며 남편은 별로 중요한 자리를 차지하지 못한다"며 다음과 같이 말한다.

"이 가족은 먼 조상까지를 포함하여 연속성이 중시되는 남성들의 가문과는 별 관계가 없는 사적인 가족으로 어떤 뚜렷한 이데올로기나 형식적인 구조도 갖고 있지 않다. 가족 유대는 주로 감성과 충성심에 기초한 것이나, 주목할 점은 그것이 구성원에게 공식적 가족 못지않는 구속성을 갖는다는 점이다. 울프는 여성을 철저히 배제시킨 것으로 보이는 유교적 가부장제가 여성을 상당히 성공적으로 흡수할 수 있었던 근거는 바로 자궁가족과 공식적 가족의 목표가 '다행스럽게도' 잘 맞아떨어졌기 때문이라는 표현을 쓰고 있다. 여성에게는 일정 기간 어려움을 이겨나가기만 하면 자신의 권력의 기반인 '자궁가족'을 이룰 수 있으며 그를 통하여 응분의 보상을 누릴 수 있는 가능성의 차원이 열려 있었다는 것이다."[40]

한국의 경우엔 '효孝'까지 가세해 '자궁가족'의 위세가 더했다. 조선시대에 어머니의 권력은 아들을 '큰사람'으로 만들 때에 획득될 수 있었다. 그러나 어머니가 그 어떤 권력을 누리건 그건 공식적인 권력은 아니었다. 그래서 조선시대는 말할 것도 없고 지금까지도 한국 여성의 권력이 막강하네 어쩌네 하는 이야기가 나오는 것이다. 공식적 영역에선 여전히 큰 차별을 받고 있지만, 비공식적 영역에선 여성이 막강한 권력을 행사할 수도 있다는 것이다.

비공식 영역에서의 권력 행사라는 건 그 권력이 남성 권력에 의존하는 '기생 권력'이라는 걸 의미하는 것이다. 그래서 한국 여성의 권력이 막강하다는 건 전혀 근거가 없는 건 아니지만, 그런 근본적인 한계를 외면한 왜곡일 수 있다. 권력과 금력을 가진 남자의 아내나 어머니의 권력이 막강한 것이지, 일반적인 아내나 어머니의 권력이 막강한 건 아니기 때문이다. 문제는 이런 권력과 금력을 가진 여성들이 자신의 기득권 보호 차원에서 기존 가부장제에 충실한 삶을 살 뿐만 아니라 강력 옹호한다는 점이다. 페미니즘의 큰 진전은 이 자궁가족의 문제를 넘어설 때에 비로소 이루어질 수 있을 것이다.

9장

그렇게
모든 것은
흘러간다

시간 |

✿ 현명한 사람에겐 매일이 새로운 인생이다. 오늘은 다시 돌아오지 않는다는 걸 명심하라. __이탈리아 시인 단테

✿ 당신은 꾸물거릴 수 있어도 시간은 꾸물거리지 않는다. __미국 정치가 벤자민 프랭클린

✿ 인생은 짧건만 우리는 부주의한 시간 낭비로 그걸 더 짧게 만든다. __프랑스 작가 빅토르 위고

✿ 시간이란 없다. 우리 온 인생이 집약된 현재의 한 순간이 있을 뿐이다. 그러니 지금 이 순간에 모든 노력을 집중하라.[1] __러시아 작가 레프 톨스토이

모두 시간을 소중히 여길 것을 말하는 명언들이다. '시간'이라고 하면 무궁무진한 느낌을 준다. 그래서 우리는 시간을 별 생각없이 흘려 보낸다. 그러다가 얼마 후 "세월이 이렇게 빠른가!" 하면서 탄식을 하곤 한다. 톨스토이의 말처럼 '시간'이란 말 대신에 '순간'이란 말을 쓰면 우리의 그런 좋지 않은 버릇이 고쳐질까?

✢ 시간은 가장 위대한 개혁가다. __영국 철학자 프랜시스 베이컨

이 말은 "시간은 최상의 카운슬러다"고 한 그리스 역사가 플루타르크의 말을 발전시킨 것으로 보면 되겠다. 베이컨은 "시간을 선택하는 것은 시간을 절약하는 것이다"는 말도 남겼다. 그런데 왜 시간이 가장 위대한 개혁가라는 건가?

개혁은 이성만으론 되지 않는다. 감성의 문제이기도 하다. 로마 철학자 세네카는 "시간은 이성이 못하는 것을 해준다"고 했는데, 그 이유가 무엇일까? 여러 이유가 있겠지만, 무엇보다도 개혁에 반대했던 사람들이 시간이 흐르면서 죽게 된다는 점에서 그러지 않을까? 너무 많이 오·남용돼 이젠 식상한 점이 있긴 하지만, 그런 점에서 '세대교체'는 꼭 필요한 것인지도 모른다.

✢ 시간은 위대한 스승이기는 하지만 유감스럽게도 자신의 모든 제자를 죽인다. __프랑스 작곡가 헥토르 베를리오즈

이와 유사하게 "시간은 잔인한 선생이다. 먼저 테스트를 하고 나중에 교훈을 준다"는 말도 있다.[2]

❧ 시간은 위대한 의사다. 아픔도 슬픔도 시간이 해결해 준다.[3] __영국 정치가 벤자민 디즈레일리

가수 송대관은 이 말을 더 간단하게 표현했다. "세월이 약이겠지요." 그럼에도, 시간은 두려움을 앞둔 사람에겐 너무 빠르고, 기다리는 사람에겐 너무 느리며, 슬퍼하는 사람에겐 너무 길다는 게 문제다.

프랑스의 작가 미셸 투르니에Michel Tournier는 다소 다른 뉘앙스로 시간의 이런 특성을 설명한다. "시간은 모든 것을 파괴한다. 우리가 사랑하는 모든 것을. 우리가 사랑하는 모든 사람들을. 그러나 시간은 우리가 싫어하는 모든 것, 모든 사람들, 우리를 증오하는 모든 사람들, 그리고 고통, 심지어 죽음까지도 파괴하는 장점이 있다는 사실을 인정할 필요가 있다. 결국 시간은 우리들 자신을 파괴함으로써 우리의 모든 상喪과 모든 고통의 원천에 종지부를 찍는 것이다."[4]

❧ 내가 만일 병 속에 시간을 저장할 수 있다면, 내가 가장 먼저 하고 싶은 것은 시간이 끝나는 날까지 매일을 저장하는 거예요. 그 시간들을 당신하고만 지내면서요. __미국 가수 짐 크로스의 노래 〈병 속의 시간〉

"세월은 흐르는 물과 같다"고 했는데, 무슨 수로 시간을 병 속에 저장할 수 있단 말인가? 불가능한 희망이기에 무언가 비극을 예고하고 있는 셈이다. 사랑도 그와 같지 않을까? 시간마저 이겨낸 사랑은 아예 없거나 매우 희소한 법이다.

그럼에도 싱어송라이터인 짐 크로스Jim Croce는 아내인 잉그리드로부터 임신을 했다는 말을 듣고 이 가사를 썼다. 그는 끔찍한 애처가였다. 자신은 이탈리아계였음에도 유대인인 아내를 따라 유대교로 개종했고 결혼식도 유대교식으로 올렸다. 이 노래의 가사를 깊이 음미해보면 무섭다는 생각이 든다. 시간을 저장하고 그걸 오직 한 사람을 위해서만 쓰겠다니 말이다. 그런 사랑을 오히려 부담스럽게 생각할 사람들도 있을 것 같다.

   ❧   당신에게 주어진 시간은 한정되어 있으니, 다른 사람의 삶을 사느라 시간을 허비하지 마시오.[5] __애플 창립자 스티브 잡스

스티브 잡스가 2005년 6월 12일 미국 스탠퍼드대 졸업식 축사에서 했던 말이다. 잡스처럼 미친 듯 살 필요는 없겠지만, 우리는 귀중한 시간을 다른 사람의 삶을 사는

. 그렇게 모든 게 흘러간다

데 허비하고 있는 건 아닌지 성찰해볼 필요가 있겠다. 자신이 진정 원하는 게 뭔지도 모른 채 그럭저럭 사람들과 어울리면서 그런 어울림이 요구하는 어떤 기준에 따라 살아가는 것도 따지고 보면 다른 사람의 삶을 사는 게 아닐까? 온전한 나의 삶을 산다는 게 그리 쉬운 일은 아니라는 게 고민이다.

과거 |

    ✎ 과거를 망각하는 자는 그걸 다시 반복하도록 심판받을 것이다. __스페인 철학자 조지 산타야나

홀로코스트(유대인 학살)를 기억하자는 뜻에서 나온 말이다. 전체주의의 참상을 겪은 지식인들은 이구동성으로 망각의 위험을 경고했다. 헤르베르트 마르쿠제Herbert Marcuse는 "망각이란 복종과 포기를 지속시키는 정신능력이다"고 했고, 얀 아스만Jan Assmann은 "전체주의는 망각과 결탁한다"고 했다.

산타야나의 말은 사회적 차원에서 잊지 말아야 할 역사를 소홀히 하는 걸 경고할 때에 빠지지 않고 등장하는 명언이지만, 우리의 일상적 삶에서의 문제는 무엇을 기억하고 무엇을 망각할 것이며, 또 어떻게 기억하고 어떻게 망각하느냐에 있는 것 같다. 자신의 비참했던 과거를 기억하면서 과도한 보복심리나 피해의식의 포로가 되는 경우를 생각해보라. 이는 모두를 불행하게 만든다. 또 남에게 은혜를 입은 건 망각하고 남에게 은혜를 베푼 것만

기억한다면 어떻게 될까? 세상을 행복하게 살려면 무엇을 기억하고 무엇을 망각하건 자신이 손해 보는 쪽으로 하는 게 어떨까?

❧ 과거는 현재에 비추어 볼 때에만 쉽게 이해할 수 있으며, 현재는 과거에 비추어 볼 때에만 완전히 이해할 수 있다. 과거의 사회를 이해하게 하고 현재의 사회에 대한 인간의 장악력을 증대시키는 것이 역사의 이중적인 기능이다.[6]
__영국 역사가 에드워드 카

우리는 모두 우리 자신의 삶에서 역사가다. 나는 나의 삶에 관해 어떤 역사를 쓰고 어떤 역사적 해석을 내릴 것인지 한번쯤 생각해볼 일이다.

❧ 과거를 지배하는 자가 미래를 지배한다. 현재를 지배하는 자가 과거를 지배한다. __영국 작가 조지 오웰

소설 『1984년』(1948)에 나오는, 오세아니아를 장악한 당의 슬로건이다. 과거 소련에선 오웰의 이 말을 실감나게 해주는 농담이 떠돌았다. "미래는 확실하며, 예측할 수 없는 것은 과거일 뿐이다."[7] 오웰의 이 명언에 대해 언론인 곽병찬은 "기록의 지배로 기억을 지배하고, 권력을

영구화한다는 것이다"며 다음과 같이 말한다.

"그 때문에 오세아니아에서 최고의 금기는 일기, 곧 개인의 생각과 행적을 기록하고 기억하는 일이다. 기억의 지배는 적에 대한 맹목적 적개심, 지배집단에 대한 맹목적인 충성심을 이끌어낸다. 증오의 대상인 유라시아가 둘도 없는 우방이었다는 사실을 인민은 기억하지 못한다. 인민을 파탄으로 이끈다는 골드슈타인에 대해 누구도 그 실체를 의심하지 않는다. 당은 이들을 정기적으로 티브이 화면에 등장시켜 인민을 집단적 증오와 광기로 몰아넣는다. 전쟁은 평화, 자유는 예속, 무지가 힘이라는 구호를 진실로 받아들이게 한다."[8]

사실 이건 정도의 차이일 뿐, 어느 나라에서건 정치 분야에서 자주 나타나는 현상이다. 과거를 재해석함으로써 현재의 이념적·당파적 갈등에서 우위를 점하고자 하는 시도는 지겨울 정도로 많이 보아온 장면이다. 개인이라고 해서 다를 건 없다. 자신의 과거는 현재의 경쟁이나 갈등에 큰 영향을 미치기 때문에 우리는 과거를 둘러싼 투쟁을 멈추지 않는다. 나의 과거는 그런 투쟁으로부터 얼마나 자유로운지 자문자답해볼 필요가 있겠다.

⚜ 과거란 그때 일어났던 그대로가 아니라 일련의 지속적인 구성물이라는 사실을 깨닫게 되면, 우리는 경직된 전설처럼 웃자란 관념이나 시대착오적인 행위를 포기하게 되고, 그리고 그러한 전설을 다시 만드는 행위가 불가피할 뿐 아니라 유익하기도 하다는 사실을 배우게 될 것이다. __미국 역사가 데이비드 로웬탈

김기봉의 해설에 따르면, "과거는 끝난 것이 아니라 역사를 통해 계속 성장한다."[9]

⚜ 과거는 늘 실제보다 더 좋게 보이는 법이다. 지금 여기에 존재하지 않기 때문에 좋을 뿐이다. __미국 유머 작가 핀리 피터 던

모두가 다 그럴 수 있으면 좋겠다. 과거가 늘 실제보다 더 나쁘게 보이는 사람들도 적지 않으니까 말이다. 미화해 곱씹을 과거가 있는 사람은 행복한 사람이다.

⚜ 나이가 먹을수록 과거가 더 좋았다고 생각하는 경향이 있다. __일본 작가 주니치로 다니자키

어쩌겠는가. 남은 날이 별로 없는데. 노인들만 그러는 것도 아니다. 미래 못지않게 과거에 애틋한 느낌을 갖는

건 나이를 초월한 우리 인간의 영원한 속성이 아닐까? 혹 젊은 남자들의 군대 이야길 들어본 적이 있는가? 그 시절의 무용담 비슷한 이야기를 즐겁게 떠들어대는 이유는 분명하다. 이젠 그 어떤 속박도 없는 현재의 자유 상태를 만끽하고 싶어서다. 군대를 가지 않은 남자나 군대를 갈 필요가 없는 여자들 앞에서 뻐기려는 심리도 있다.

일본 작가인 나토리 호겐은 "지울 수 없는 과거는 일단 버리고 다시 살아보라"고 권한다.[10] 하지만 그게 어디 그리 쉬운 일인가. 특히 그 과거를 위해 투입한 노력이 있다면, 이른바 '매몰비용 효과sunk cost effect'에서 벗어나기는 정말 어려운 일이다. 우리 인간에겐 돈이나 노력, 시간 등을 일단 투입하면 그것을 지속하려는 강한 성향이 있는데, 이를 가리켜 매몰비용 효과라고 한다. "과거가 미래의 발목을 잡아서는 안 된다"는 말은 바로 그 효과의 문제를 지적한 것이다.[11] 미국 작가 칼 샌드버그Carl Sandburg처럼 강하게 외치면 도움이 될까? "과거는 쓰레기 더미일 뿐이다."

과거에 대한 평가는 누구의, 어떤 입장에 서느냐에 따라 달라질 수밖에 없는 문제다. 현재의 사정도 큰 영향을

그렇게 모든 게 흘러간다

미친다. 현재가 과거에 비해 괴로운 사람은 과거를 미화해서라도 위안을 찾고자 하지만, 현재가 과거에 비해 행복한 사람은 과거를 부정함으로써 현재의 가치를 더욱 높이고자 할 것이다. 과거는 현재의 노예라고나 할까?

나이 |

❧ **나이는 마음먹기 나름이다. 신경 쓰지 않으면 중요치 않다.** __미국 작가 마크 트웨인

평소 운동을 꺼려하던 트웨인은 운동 좀 하라는 친구에게 이렇게 쏘아붙였다고 한다. "이제 예순이 다 되어가는데 나이 먹는 것도 힘들어."[12] 그는 또 이런 말도 남겼다. "주름살은 미소를 지었던 곳을 나타내주는 것일 뿐이다." 늙음에 저항해야 할까? 아니면 저항을 포기하고 체념해야 할까? 정답은 없는 것 같다. 그 어느 쪽이건 우아한 방식으로만 한다면 말이다.

❧ **아, 다시 70세가 될 수 있다면!**[13] __미국 대법관 올리버 웬델 홈즈

홈즈 대법관이 1931년 90세 생일을 맞아 매력적인 여성을 보면서 한 말이다. 그는 "나는 항상 15년은 젊게 산다"고 주장했는데, 그런다고 무엇이 달라질까? "나이는 느끼기 나름"이란 말이 있다. 이 말이 시사하듯, 나이와 관련된 명언들은 대부분 한사코 늙음을 거부하려는 공통

된 성향을 보인다. 누구건 곧 노인이 되니 너무 흉볼 일
은 아닌 것 같다.

   ~ 나이 먹을수록 지혜로워진다는 말이 있다. 그러나 나
는 나이를 먹을수록 그 말을 더 불신하게 된다. __미국 작가 헨리
루이스 멩켄

그렇다. 사람 나름이다. 세월이 지혜를 보장해주진 않
는다. 그럼에도 세월만이 줄 수 있는 종류의 지혜가 있다
는 것도 분명한 사실이다. 그걸 가려내는 지혜는 온전히
나이를 덜 먹은 사람들의 몫이다.

   ~ 인생을 슬기롭게 사는 방법 중 가장 중요한 것은 우
아하게 늙어가는 법을 아는 것이다. __미국 사회운동가 에릭 호퍼

노추老醜라는 말은 육체보다는 정신에 대해 더 많이 쓰
인다. 똑같은 사고와 행동을 하더라도 젊은 시절엔 문제
가 되지 않았던 것이 나이를 많이 먹으면 전혀 다른 기준
에 의해 부정적인 평가를 받을 수 있다. 그래서 '우아하
게 늙어가는 법'이 필요하다는 것이다.

여성학자 정희진은 한국사회에서 작동하는 나이차별,
즉 연령주의ageism를 ①젊은이 중심주의(거의 숭배에 가깝

다)나 연장자주의처럼 나이가 적거나 많음이 차별의 근거가 되는 경우 ②결혼·취업 적령기처럼 특정한 나이에 맞는 사회적 역할을 요구하거나 나이가 들어서는 높은 사회적 지위를 가져야 한다는 식의 '생애주기' 언설에 의한 차별 ③차별의 연령화 등 크게 세 가지 차원으로 분류했다. 그는 세번째 '차별의 연령화'에 대해 다음과 같이 말했다.

"이는 서구가 남성으로, 아시아는 여성으로 재현되는 서구 중심주의의 성별화의 원리와 비슷하다. 사회적 약자가 성별에서 약자인 여성의 이미지를 갖는 것처럼, 나이가 차별과 타자화의 은유가 되는 것이다. 실패·비참함·추함·경멸이 노망·노추 등으로 비유되거나, 사회적 약자를 어린 사람 취급하는 것이다. 미국에서 영어를 못하는 사람이 어린아이 취급을 받는 경우나, 젊은 검사는 '영감'이라고 부르지만 사회적 지위가 낮은 사람이나 장애인·여성을 어린 사람 취급하는 것 등이 일상의 사례들이다."

이어 정희진은 "이병주의 『지리산』이라는 소설에는, '서른 이전에 혁명가가 아닌 사람 없고, 서른 넘어 혁명가인 사람도 없다'라는 말이 나온다. 나이 들면 보수적이 된다는 이런 식의 언설은, 일상에서 대단히 흔하다. 얼마 전, '진보적인 논객'으로 이름난 어느 남성은 '60세 이상은 정치를 못하게 해야 한다'고 말했다. '젊은 피'라는 표현도 연령 차별적인 언어다. 만일, 사람들이 나이 들어 보수적이 된다면, 그것은 나이 때문이 아니라 나이에 따라 구조화한 사회 시스템 때문이다"며 이렇게 덧붙였다.

"차이가 차별을 만드는 것이 아니라 권력이 차이를 만든다. 그래서 차이는 언제나 특정한 사람의 시각에서 구성된 정치적 해석이다. 나이가 숫자에 불과하려면, 나이가 아무런 의미를 발생시키지 않아야 한다. 태어나서 죽을 때까지 삶의 시기마다 모든 시간의 가치는 균질해야 한다. 나이에 따라 인간의 권리가 다르지 않다면, 노후老後라는 말부터 없어져야 한다. 노전老前 생활이 따로 없듯이 노후 생활도 없는 것이다."[14]

   🖎 연장자의 권력을 타도하기란 볼셰비키 혁명보다 힘들어 보인다. __소설가 김훈

제도화된 조직사회 속에서 연장자의 권력은 거의 절대적이라는 걸 강조하기 위해 한 말이지만, 곧 반전이 있다. "그토록 무서운 연장자들이 좀더 나이를 먹어서 초로의

문턱을 넘어서면 삽시간에 이빨 빠진 호랑이처럼 무력해진다. 조직 내의 권력을 박탈당할 뿐 아니라 실낱같은 권위마저 유지하기란 불가능하다."[15] 어디 그뿐인가. 사회에서도 냉대를 받는다. 세월의 힘이 이토록 무섭다. 오히려 그렇기 때문에 연장자들은 자신의 권력을 더욱 철저하게 행사하고 싶은 건지도 모르겠다. 세월의 덧없음에 대한 나름의 투쟁인 셈이다.

    ❧ **제발 나잇값 좀 하지 마라.** __작가 마광수

나잇값 좀 하라는 말이 절대 진리로 통용되는 나라에서 과감한 도발이 아닐 수 없다. 왜 나잇값 좀 하지 말라는 걸까? 마광수는 이렇게 이야기한다. "나이만 좀 들면 보수로 바뀌고 권력지향적이 되어버리죠. 그게 우리나라의 제일 큰 병폐예요. 서양의 경우에는 피카소나 헨리 밀러 같은 경우 칠팔십대에도 야한 그림 그리고, 야한 소설 썼거든요. 우리 작가들 보면 쉰 살만 지나도 역사소설, 민족소설 이런 대하소설만 쓴단 말이에요. 그래야만 인정을 받고. 젊었을 때는 연애소설을 쓰다가도 그렇게 변하죠. 이게 아주 심하거든요."

그렇다. 게다가 한국은 조로早老를 강요하는 사회다.

조직에서 빨리 나가라는 압력도 높지만, 나이가 들면 늙음에 맞는 일이 따로 있다고 강요하는 점에서도 그렇다. 제발이지 나잇값 따지지 않는 세상이 되면 좋겠다. 미국 작가 조지 윌리엄 커티스George William Curtis가 간명하게 표현했듯이, "나이는 감정의 문제일 뿐 세월의 문제는 아니다."

그럼에도 나잇값을 하는 게 필요한 사람들도 있다는 건 지적해둘 필요가 있겠다. 마광수는 나이만 좀 들면 권력지향적이 되어버리는 걸 개탄했지만, 반대로 그런 사람들이 나이가 더 먹으면 세대교체의 필요성에 공감하면서 물러날 때를 아는 것이야말로 제대로 된 나잇값을 하는 게 아닐까? 연장자의 권력을 타도하는 게 볼셰비키 혁명보다 힘들어 보인다면, 더욱 그렇지 않을까? 권력이건 돈이건 가진 게 없는 사람들만이 조로를 강요당한다는 점에서 사실 문제는 '나이'가 아니라 '계급'인지도 모른다.

후회 |

  사람은 꿈이 후회로 채워지면서 나이를 먹는다.[16] _
작자 미상

우리 인간은 늘 후회하는 동물이다. 이미 지나간 세월
을 놓고 "그때 이렇게 했더라면" 하고 후회하는 사람은
자신의 선택에 대한 기회비용을 아쉬워하는 셈인데, 이
는 다분히 자위自慰의 성격이 강하다. 선택을 달리했더라
면 자신의 인생이 지금보다는 훨씬 나았을 것이라고 자
위를 함으로써 자긍심을 조금이나마 올려보려는 몸부림
이라고나 할까?

  지금부터 20년 후에는 자신이 저지른 일보다 저지르
지 않은 일에 더 실망하게 될 것이다.[17] _미국 작가 마크 트웨인

일부 미국 기업들은 이른바 '구매자의 후회buyer's remorse'
를 원천봉쇄하기 위해 이 명언을 활용한다.

소비자들은 어떤 물건을 사고 난 뒤 잘못 산 것 같아
후회하곤 하는데, 이를 가리켜 '구매자의 후회'라고 한다.

주택이라든가 자동차 같은 거액의 구매를 했을 때에 자주 일어나는 현상이다. 일부 업체들이 "구입 후 마음에 안 들면 언제든지 환불해 드립니다"라고 말하는 것은 바로 이 구매자의 후회를 겨냥한 마케팅 전략이다.[18] 그러니 괜히 후회와 관련된 명언들에 속아 무턱대고 일 저지르지 않는 게 좋을 것 같다. 미국 마케팅 전문가 제레미 홀든Jeremy D. Holden은 "구매자의 후회는 인지부조화의 일반적인 양상으로, 누구나 한번은 경험하는 것"이라며 이렇게 말한다.

"이런 상상을 한번 해보자. 당신이 국세청에 소득신고를 했다가 환급금이 있다는 것을 발견한다. 그런데 당신은 그 돈으로 신용카드 대금을 결제하는 게 옳다는 걸 알면서도, 그 돈을 자동차 딜러에게 주고 할부로 신차를 뽑는다. 그리고 새로 뽑은 차에 탈 때마다 당신은 죄책감을 느낀다. 당신은 이런 죄책감이 싫다. 그래서 당신은 그 돈으로 신용카드 빚을 갚는 것보다 자동차 구매를 더 절실히 원했다는 사실을 인정하지 않는다. 대신, 아이들을 보다 안전하게 학교에 태워다주기 위해 새 차를 구매했다거나, 혹은 직장 상사가 당신의 낡은 차를 보고 혀 차는 걸 본 뒤 직장에서 자기 가치를 높여 승진 가능성을 키우기 위한 방편으로(그러니까 방종은 절대 아니다!) 새 차를 구매했다는 식으로 자기합리화를 한다."[19]

　　　했던 일에 대한 후회는 시간이 가면서 누그러진다. 하지 않았던 일에 대한 후회는 무엇으로도 위로받지 못한다.[20] —미국 저널리스트 시드니 해리스

왜 그럴까? '자기정당화'의 문제다. 했던 일은 실패로 끝났더라도 정당화하는 일이 가능하지만, 하지 않았던 일은 정당화할 수가 없다. 인간 심리의 속성이 그러니 하지 않았던 일에 대해 너무 후회하지 않는 게 좋다.

　　　후회는 행동함commission에서 오는 게 아니라 행동하지 않음omission에서 온다.[21] —미국 아마존닷컴 창업자이자 제프 베조스

베조스는 나이 서른에 잘 나가는 월스트리트 금융회사 고위간부직을 때려치우고 전혀 새로운 분야의 창업을 하는 모험을 감행했다. 이 때의 결정에 대해 그는 훗날 '후회 최소화 프레임워크regret minimization framework'라는 것을 활용했다고 밝혔다. "내가 먼 훗날 나이가 들어 살아온 인생을 뒤돌아볼 때 어떤 결정을 가장 후회하게 될까?"를 생각해본 결과, 설사 실패하더라도 안정에 집착하

다가 원하는 일을 아예 시도조차 하지 않은 것을 더 후회하게 될 것 같다는 결론을 내렸다는 것이다. 성공을 했기 때문에 그런 말도 할 수 있는 것이다.

❦ 어떤 유혹에 저항했다는 것보다 더 후회되는 기억은 없다. ―미국 작가 제임스 브랜치 캐벌

이 말을 소개한 심리학자 랜 키베츠Ran Kivetz와 애너트 케이먼Anat Keiman은 2006년 『소비자연구저널Journal of Consumer Research』에 발표한 논문에서 이런 결론을 내렸다. "악 대신 미덕을 선택한 것에 대한 후회는 시간이 흐르면서 점점 더 증가한다." 기자이자 작가인 올리버 버크먼은 "이것은 한 일보다 하지 않은 일을 더 후회한다는 것과는 그 성격이 다르다"며 다음과 같이 말한다.

"인생의 즐거움을 누릴 수 있었는데, 그 기회를 놓친 것에 대한 후회가 그 시절이 점점 더 먼 과거가 될수록 강해진다는 것이다. (…) 사실 파티를 선택했든, 공부를 선택했든 그것은 모두 생각을 행동에 옮기고, 그 행동으로 말미암아 후회하는 것이다. 이 연구를 단행한 학자들이 보여주고자 한 것은 유혹에 넘어갔다는 죄책감은 금방 사라지지만, 무엇인가 중요한 것을 놓쳤다는 후회는

금방 사라지지 않는다는 것이다."[22]

　"그때 난 몰랐어 너의 사랑 받기만 해서." 가수 박미경의 노래 〈돌아와〉다. 후회의 고백을 더 들어볼까? "너의 그 사랑이 내겐 얼마나 컸었는지/이제야 난 너 떠난 뒤 사랑을 느껴/나 이젠 알아 너의 그 사랑/나에겐 얼마나 소중했는지/나의 그 자만이 이제 와 후회로/너에게 눈물로 용서를 빌어/돌아와 나에게 돌아와/돌아와 나에게 모두 내가 잘못했어/더 이상 망설이지 말고 돌아와." 이렇게 애절하게 호소하는 사람을 향해 "한 번 엎지른 물은 다시 주워담지 못한다"고 말해줘야 하나? 아니, 이 비유법이 타당한가? 사랑은 물과 달리 다시 주워담을 때 더 커질 수도 있지 않나? 부디 떠나간 그 사람에게 새로 생긴 연인이 없기를 바랄 뿐이다.

인생 |

✎ 인생은 느끼는 사람에겐 비극이요 생각하는 사람에겐 희극이다. __프랑스 작가 장 드 라 브뤼예르

영국 작가 호레이스 월폴Horace Walpole은 이 말을 좀 바꿔 "세상은 느끼는 사람에겐 비극이지만 생각하는 사람에겐 희극이다"고 했다. 느끼기만 하는 것과 생각해보는 것의 차이가 참 크다는 생각이 든다. 자신의 선호도에 따라 선택할 수 있다는 걸 다행으로 여겨야 할까?

✎ 인생은 얼마나 좋은 카드를 쥐고 있느냐가 아니라 이미 갖고 있는 카드를 얼마나 잘 활용하느냐에 달려 있다. __미국 유머 작가 헨리 휠러 쇼

오늘날과 같은 이른바 '세습 자본주의' 시대엔 부자들을 옹호하는 말로 여겨질 수 있다는 게 안타깝다.

✎ 인생은 유희가 아니다. 자기의 의사만으로 그것을 포기할 권리가 없다. __러시아 작가 레프 톨스토이

『중앙일보』는 2014년 4월 사설을 통해 "한국은 톨스토이의 명언이 무색한 사회"라며 이렇게 그 증거를 제시한다. "자살 사망률은 경제협력개발기구OECD 회원국 중 단연 1위다. 2012년 기준 인구 10만 명당 28.1명이다. OECD 평균의 2.3배다. 증가율도 1위다. 2000~2010년에 100% 이상 늘었다. 같은 기간에 포르투갈·칠레를 제외한 모든 국가가 감소세를 보였다. '자살 대란'이 일어났지만 우리는 국가적 종합대책을 세우지 않았다. '죽겠다는 사람, 무슨 수로 막아' 하는 안이한 생각이 오늘의 '자살 공화국'을 만들어냈다."[23]

❧ 삶 자체는 본질적으로 강자의 횡포·공격·지배이며, 약자에게 있어 그것은 억압·고통이다. (…) 가장 힘 없는 온순한 자에게 있어 그건 착취일 뿐이다. __독일 철학자 프리드리히 빌헬름 니체

니체는 착취가 타락한 사회, 불완전하거나 원시적인 사회의 표시라는 것을 부정하면서 "그것은 생명체의 근본 기능으로서 삶의 본질에 속하며, 엄밀히 말해 삶의 의지라고 할 수 있는, 힘에의 본능적 의지의 결과이다"라고 말한다. 영국 철학자 로저 트리그Roger Trigg는 "니체에게

는 의지가 자유로운가의 여부가 아니라, 의지가 강한가 약한가의 여부가 문제다"며 "니체는 삶에 있어 그것의 방향을 지시하는 힘에의 의지가 필요하다고 믿었다"고 강조한다.

❧ 인생은 가까이서 보면 비극이지만 멀리서 보면 희극이다.[24] __미국 희극배우 찰리 채플린

현미경으로 보면 비극인데 망원경으로 보면 희극이라는 이야기일까? 프랑스 작가 빅토르 위고는 "망원경이 끝나는 곳에서 현미경이 시작된다. 둘 중 어느 것이 더 큰 것을 보여주는가?"라고 물었다.[25] 참 어려운 질문이다. 망원경과 현미경을 동시에 사용하면서 살아가는 삶은 가능할까?

❧ 죽어가고 있을 때 그동안 이렇게 살았더라면 하고 바라는 것처럼 인생을 살아가라. __독일 시인 크리스티안 겔러르트

그렇다면 인생을 좀더 심각하게 생각해야 하는 걸까? 아니면 "인생을 심각하게 살지 말라, 아무도 살아 남지 못하는 게 인생이다"는 말을 믿어야 할까?[26] 이 말은 인생의 비극을 말하는 걸까, 희극을 말하는 걸까? 비극도

있고 희극도 있는 인생, 그게 바로 우리의 인생 아닌가?

테레사 수녀의 인생에 대한 찬미를 들어보자. "인생은 기회이니, 그것으로부터 얻어라. 인생은 아름다움이니, 그것을 찬미하라. 인생은 꿈이니, 그것을 실현시켜라. 인생은 도전이니, 그것에 맞서라. 인생은 의무이니, 그것을 수행하라. 인생은 게임이니, 그것을 즐겨라. 인생은 약속이니, 그것을 실현하라. 인생은 슬픔이니, 그것을 극복하라. 인생은 음악이니, 그것을 불러라. 인생은 투쟁이니, 그것을 받아들여라. 인생은 비극이니, 그것에 직면하라. 인생은 모험이니, 용기를 내라. 인생은 행운이니, 그것을 잡아라. 인생은 너무나 귀중하니 그것을 파괴하지 말아라. 인생은 인생이니, 쟁취하라."[27]

∾ 나는 내 인생의 끝에 이르러 내가 인생의 '세로(길이)'만을 살았다는 걸 발견하게 되는 걸 원치 않는다. 나는 더불어 인생의 '가로(폭)'도 살고 싶다.[28] ＿미국 작가 다이앤 애커만

이건 딜레마일지도 모른다. 삶의 경쟁력은 흔히 하는 말로 '한 우물을 깊게 파는' 세로형 삶에서 나오니까 말이다. 젊었을 때부터 다양한 관심사를 갖는 가로형 삶을

살면 주변 사람들이 혀를 끌끌 찬다. 선택과 집중을 하지 않는다고 말이다. 그렇다면 세로형 삶은 '선택과 집중'의 굴레로부터 자유롭게 된 늙음의 특권일지도 모르겠다.

"한 번 사는 인생인데 사람 사는 세상인데 평생을 가시밭 걸었으니 꽃길도 걸어 봐야지." 가수 김종환의 노래 〈결국엔 내 인생〉의 한 대목이다. 요즘 유행하는 '욜로 YOLO, You Only Live Once'와 비슷하지만, 이 노래엔 '당신'이 있어 좀 다르다. 욜로는 아예 처음부터 가시밭길을 걷지 않겠다는 것인 반면, '당신'은 정반대의 삶을 살아온 사람이 아닌가. "아무리 둘러보아도 눈을 씻고 바라보아도/당신은 달라요 너무나 착한 사람/때론 실수도 하면서 세상에 부딪쳐 울지만/욕심 좀 내면 어때요 다들 그렇게 사는데." 가시밭길을 걸은 후 뒤늦게나마 욜로의 대열에 합류한 것이니 축하해줘야겠다.

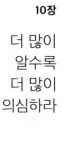

10장

더 많이
알수록
더 많이
의심하라

지식 |

⚜ 아는 것이 힘이다. __영국 철학자 프랜시스 베이컨

베이컨은 진보의 관념을 창조한 인물이다. 그에게 진보란 자연에 대해 더 많은 힘을 소유하거나 미래의 발전에 대해서 더 잘 예측하는 것을 의미했다. 베이컨은 이 두 가지가 지식을 통해서 얻어진다고 보았기에 지식이 곧 힘이라고 한 것이다.[1]

과학적 진보를 인간적 진보로 간주한 베이컨의 시대는 수백 년간 지속되었으며, 오늘날에도 베이컨의 그런 신념을 신앙처럼 간직하고 있는 사람들이 많다. 하지만 아무리 많은 지식을 쌓아도 가정생활이 불행하다면 그걸 성공한 인생이라고 보기는 어렵듯이, 과학적 진보를 곧 인간적 진보로 볼 수는 없는 일이다. 무엇보다도 과학적 진보로 인한 자연환경의 파괴가 인류의 생존을 위협하는 수준에 이르렀기 때문이다. 이젠 "아는 것이 힘이지만, 힘은 조심스럽게 써야 한다"로 바꿔야 할 것 같다.

✎   전 재산을 교육에 바치면 아무도 빼앗아갈 수 없다. 지식 투자의 이익률이 가장 높다. __미국 정치가 벤자민 프랭클린

이 지구상에서 이 말을 가장 잘 실천하고 있는 나라는 한국이 아닐까? 무시무시한 교육열은 생존경쟁에서 보다 높은 이익률을 올리기 위한 살벌한 투쟁이다.

✎   기득권 세력은 '공익에 대한 지식'이 아니라 '자신의 이익에 대한 더 많은 지식'을 가지고 있기 때문에 이기는 경향이 있다.[2] __영국 경제학자 애덤 스미스

그렇다. 어떤 지식이냐가 중요하다. 이 말은 오늘날의 진보주의자들이 자주 실패하는 이유도 잘 말해준다. 이들은 현실에 관한 지식보다는 당위에 관한 지식을 쌓는 데 치중하기 때문에 대중의 욕망에 대해 매우 무능하고 서투르다.

✎   권력이 아닌 지식은 없다. __미국 철학자 랠프 왈도 에머슨

에머슨은 "지식은 나누기 위해 존재하는 것이다"는 말도 했는데, 권력을 나누려는 사람들이 얼마나 있을까? 지식을 '권력이 되는 지식'과 '권력이 안 되는 지식'으로 나눠야 하는 건 아닐까? 미국 제40대 대통령 로널드 레이

더 많이 알수록 더 많이 의심하라

건은 "지식을 제대로 갖추지 못한 권력은 위험하고, 권력과 너무 동떨어진 지식은 공허하다"고 했다.[3] 그러나 모든 지식이 꼭 실용적이어야 할 필요는 없다. 권력과 동떨어져 있기 때문에 오히려 더욱 빛나는 지식도 있는 법이다.

   ❧ 지식은 돈과 같다. 많이 가질수록 더 갖고 싶어한다. __미국의 유머 작가 헨리 휠러 쇼

어떤 지식이냐가 중요하다. 돈이 안 되는 지식이라면, 그걸 가질수록 더 갖고 싶어하는 사람이 얼마나 될까?

   ❧ 지식은 '조금도 틀림이 없는 생각'이 아니라 '틀림없을 것 같은 의견'으로 간주되어야 한다. __영국 철학자 버트런드 러셀

1920년대 서구 정치인들이 "도저히 이성적 결론이 도출될 수 없는 수많은 문제를 열성적으로 확신하고 있었다"면서 '정치적 회의주의자'가 되라고 충고했다.

우리는 '회의주의'라고 하면 부정적인 선입견을 갖기 쉽지만, 한번 반대로 생각해보는 게 좋겠다. 쥐뿔도 안되는 지식과 경험에 의존해 강한 신념을 갖고 남의 의견

을 배척하는 사람이나 집단을 생각해보라. 끔찍하지 않은가? '빨리빨리' 정신으로 무장한 한국인들은 세계에서 가장 빠른 경제 발전을 이루느라 회의주의를 비생산적인 것으로 간주해왔고, 아직도 그런 풍토는 건재하다. 잃을 게 없었던 시절엔 회의주의는 사치스럽게 여겨질 수도 있었겠지만, 이젠 사정이 크게 달라진 것 같다. 늘 열정이 흘러넘치는 사람들에게 회의주의는 미덕이다.

∾ 오늘날 기업과 정부, 개인은 알게 모르게 전보다 더 쓸모없어진 지식, 즉 변화로 인해 이미 거짓이 되어버린 생각이나 가정을 근거로 매일 의사결정을 내리고 있다. __미국 미래학자 앨빈 토플러

앨빈 토플러가 『부의 미래』에서 한 말이다. 그는 obsolete(쓸모없어진)과 knowledge(지식)를 합쳐 'obsoledge'라는 신조어를 만들어냈다. 이는 낡아서 쓸모가 없어졌을 뿐만 아니라 위험을 낳기도 하는 진부한 지식, 즉 무용지식無用知識을 말한다. 그는 "디지털 데이터베이스건, 두뇌 속이건 지식이 저장된 곳은 어디나 무용지식으로 가득 차 있다"며 지식의 현실 적합성을 따져 보라고 권한다.[4]

좋은 말이지만, 유용과 무용의 기준이 문제일 것 같다. 유용의 기준은 혹 돈이 되느냐 돈이 되지 않느냐의 여부는 아닌가? 물론 토플러가 그런 거창한 문제까지 염두에 두고 한 말은 아니겠지만, 지식의 가치를 현실적 효용성의 기준으로 평가하는 게 오늘날의 현실이라는 건 분명한 사실이다. 지식은 '틀림없을 것 같은 의견'으로 간주되는 동시에 "무엇을, 누구를 위한 것인가?"라는 질문과 함께 평가되어야 할 것이다.

무지 |

　　✺　　인생에서 필요한 것은 무지와 자신감뿐이다. 그러면 성공은 확실하다. ＿미국 작가 마크 트웨인

　늘 그런 건 아니지만, 맞는 경우가 있다. 사업을 하려는 사람이 주도면밀하게 일일이 따질 걸 다 따져보면 모험을 하지 못한다. 무지와 자신감만으로 밀어붙였는데, 운이 좋아서 성공하는 경우가 있다. 사랑도 비슷하다. 그어느 모로 보건 남자가 여자에 비해 객관적 조건이 떨어진다 싶은데 연애나 결혼에 성공했다면, '무지와 자신감'의 덕일 가능성이 높다. 아, 이건 아주 못된 편견일 수도 있겠다.

　달리 말하자면, 성공은 확률의 게임이라는 걸 시사하는 말로 이해해도 무방하겠다. 누구나 다 우직하게 밀고나간다고 해서 성공하는 건 아니다. 극소수만 성공할 수있다. 하지만 그렇게 성공한 사람은 자신의 우직함을 성공의 이유로 내세운다. 자신의 행운을 이야기하는 사람은 드물다. 우직하게 밀어붙였다가 패가망신한 사람들도

더 많이 알수록 더 많이 의심하라

많지만, 그들에겐 발언권이 주어지지 않는 법이다.

　　❧　　어떤 일을 이루기 위해서는 약간의 지적 무지를 지녀야 한다. __미국 발명가 찰스 케터링

이미 구축된 지식의 범주는 우리의 행동을 좌지우지하는 경향이 있는데, 새로운 해결방식은 그 범주를 넘어서야 하는 것이기 때문에 '지적 무지' 상태를 유지하는 것이 필요하다는 뜻으로 한 말이다.[5] 사실 모든 도전엔 어느 정도의 지적 무지가 꼭 필요한 법이다.

　　❧　　무지에 발동이 걸리면 막히는 게 없다.[6] __미국 코미디언 윌 로저스

이게 바로 무지의 무서운 점이다. 운이 억세게 좋아 일이 잘 풀릴 수도 있지만, 일이 안 풀리더라도 계속 밀어붙여 스스로 파국으로 갈 수도 있다. 무지로 발동 걸린 사람은 조심하는 게 좋을 것 같다.

　　❧　　현재에 대한 무지와 미래에 대한 무지는 용서받을 수 있다. 하지만 우리가 얼마나 무지한가에 대한 무지는 용서받을 수 없다.[7] __미국 역사학자 아서 슐레진저

슐레진저가 1990년 말 『뉴욕타임스』에 기고한 글에서 한 말이다. 사실 자신의 무지에 대해 무지한 것처럼 무서운 건 없다. 권력집단이 그런다면 사회에 재앙을 초래할 수도 있다.

❧　알면 알수록 아는 것이 적어진다. __미국 사회학자 다니엘 벨

많이 배울수록 배울 것이 많아진다는 것으로, 무지를 넘어서고자 하는 학문이 오히려 무지를 확장시키는 결과를 낳는다는 뜻이기도 하다. 이른바 '지식의 패러독스' 현상이다. 각종 트렌드 분석이 난무하는 것도 바로 이런 역설 때문이다. 독일 철학자 노르베르트 볼츠Norbert Bolz는 다음과 같이 말한다.

"이 역설은 우리가 미래에 대한 지식을 소유하면 할수록, 미래에 대해 아는 것은 줄어든다는 것이다. 그리고 이러한 새로운 시대에 특징적인 학문 지식은 전통과 상식의 방향 설정의 힘을 약화시키고 있다. 믿을 수 있는 것들을 비축해놓은 저장품은 줄어들고, 삶의 세계가 가지는 지속성은 의심스러워진다. 바로 이런 미래에 대한 확신이 사라진 자리에 보상적으로 미래학과 트렌드 연구

가 등장한다."[8]

    진정한 무지는 상대편에 의해 인정되고 고려될 때 경기자에게 이점이 될 수 있다. __미국 경제학자 토머스 셸링

게임이론으로 2005년 노벨경제학상을 수상한 토머스 셸링의 말이다. 예를 들어 설명해보자. 예전에 현금을 다루는 업소에선 직원들이 금고의 비밀번호를 모른다고 광고했다. 그래야 강도가 들어오더라도 직원을 위협하는 일이 없을 거라는 생각에서였다. 우리의 일상적 삶에선 의외로 이런 무지의 유용성을 보여주는 사례들이 많다. 미국에선 보행자가 길을 건널 때에 자동차 운전자와 눈이 마주치면 '사람 우선'인 지역이 있고 '자동차 우선'인 지역이 있다. 필라델피아는 후자에 속하는 지역인데, 이곳에선 길을 건널 때에 자동차 운전자와 시선을 마주치지 말고 관광객처럼 걸어야 안전하다고 한다.[9]

디지털 시대는 어떤 주제에 대해 많이 알건 적게 알건 자신이 아는 것보다 더 많이 아는 척을 하는 경향을 극대화시키고 있다. 일본계 미국 작가 칼 타로 그린필드Karl Taro Greenfield는 2014년 5월 24일자 『뉴욕타임스』에 기고한 「문화적 교양 꾸며내기Faking Cultural Literacy」라는 제목

그 순간 그 문장이 떠올랐다

의 글에서 "우리 모두는 자신이 문화적 교양이 없는 사람으로 드러나지 않도록 항상 충분히 알고 있어야 한다는 압력을 끊임없이 느끼고 있다"며 "우리는 마치 우리가 박식한 사람인 척 연기를 하는 것에 가까운 위험한 상태에 도달했는데, 이것이야말로 진짜 무지無智의 새로운 모델이다"고 했다.[10]

그린필드는 사태를 낙관하고 있는 것으로 보인다. '박식한 사람인 척 연기를 하는 것'보다 더 큰 문제는 박식한 사람을 '박식한 사람인 척 연기를 하는 것'으로 보는 시각 또는 정서가 만연해 있다는 점이다. 이는 지식인에 대한 경멸과 증오를 동력으로 삼아 번성하는 '반지성주의'의 흐름과 맞닿아 있다. 물론 이런 반지성주의엔 그럴 만한 근거가 있긴 하다. 지식인들이 행동은 없이 입으로만 떠드는 것에 대한 염증이라고나 할까. 하지만 문제는 이 또한 "무지에 발동이 걸리면 막히는 게 없다"는 법칙을 따른다는 점이다. 말로만 떠들지 말고 일단 저질러놓고 보자는 '행동 숭배주의'야말로 진짜 무지의 새로운 모델이다.

확신 |

❧ 왕에게 '확고부동'이라 불려지는 건 당나귀에겐 '똥고집'이라 불려진다. __영국 정치가 토머스 어스킨

'확신'과 '똥고집'의 차이는 그 주체가 누구냐에 따라 달라진다. 결과도 영향을 미친다. 결과가 좋으면 '확고한 소신'이지만, 결과가 나쁘면 '어리석은 똥고집'이 된다.

❧ 우리는 무지 때문에 궁지에 몰리는 게 아니다. 문제는 잘못된 확신이다.[11] __미국 작가 마크 트웨인

확신은 상황을 이해하기 전에 갖는 감정이다. 나중에 상황을 이해했다 하더라도 이미 가속도가 붙은 확신의 질주를 막기는 어려워진다.

❧ 진실에 관한 한, 확신은 거짓말보다 더 위험한 적敵이다.[12] __독일 철학자 프리드리히 빌헬름 니체

거짓말을 하는 사람은 멈칫거리기라도 하지만, 확신에 사로잡힌 사람에겐 그런 주저마저 없기에 더 위험한 게

아닐까?

미국 작가 마가렛 드랜드Margaret Deland는 "확신은 이성적 판단을 의미하는 게 아니다"고 말했다. 확신은 감성적 판단이다. 하지만 세상 일은 이성보다는 감성이 더 힘을 쓰는 법이다. 확신은 좋은 방향으로 좋은 결과를 낳을 수도 있지만, 나쁜 방향으로 나쁜 결과를 낳을 수도 있다는 데 확신의 비극이 있다.

✎ 누구나 여름날의 파리처럼 자기만의 편리한 확신에 빠진다.[13] __영국 철학자 버트런드 러셀

확신은 마음을 편하게 해주기 때문에 그런 편함의 유혹으로부터 벗어나기가 어렵다. 그건 흑백논리의 편안함과 비슷하다. 회색을 평가하는 건 골치 아픈 일이다. "인간의 숭고함은 자기만의 확신을 벗어날 때 가능하다." 프랑스 생물학자 장 로스탕Jean Rostand의 말이다. 확신보다는 숭고를 포기할 사람들이 훨씬 더 많을 게다.

✎ 어떤 문제에 대해 잘 모를수록 확신은 강해진다. __미국 정치심리학자 제임스 커클린스키

커클린스키가 2000년에 발표한 연구에서 내린 결론

이다. 사람들에게 어떤 사회적 이슈에 대한 지식의 정도를 질문해 평가했는데, 모를수록 확신이 더 강하다는 게 밝혀졌다. 그는 이를 '나는 내가 옳다는 걸 알아Know I'm Right' 현상이라고 불렀다.[14] 사실 알면 알수록 확신과는 자꾸 멀어지게 되는 법이다. 고려해야 할 게 많아지니까 말이다.

"30년 이상 연구를 해오면서 나는 인간 심리에 관한 매우 중요한 진실을 발견했다. 바로 '확신은 잔인한 사고방식'이라는 점이다. 확신은 가능성을 외면하도록 우리 정신을 고정시키고, 우리가 사는 실제 세상과 단절시킨다."[15] 미국 하버드대학 심리학자 엘렌 랑거Ellen J. Langer의 말이다. 확신은 특히 정치에서 잔인한 사고방식인 것 같다. 무엇보다도 확신은 나의 확신을 공유하지 못하는 사람을 반드시 타도해야 할 적으로 돌리기 때문이다.

  사실이 우리의 가치와 충돌할 때 거의 모든 사람들이 자신의 가치를 고수할 수 있고, 반대 증거를 기각할 수 있는 방법들을 찾아낸다.[16] ─ 미국 사회심리학자 조너선 하이트

사실 이런 일에 관한 한, 특히 자신과 관련된 일에선 모든 사람들이 더 천재라고 해도 과언이 아니다.

"내가 정말 화해할 수 없는 것은 자기 자신이 선하고 도덕적이라고 확신하는 자들이에요." 소설가 김훈의 말이다. 그는 김경과의 허심탄회한 인터뷰에서 "시대와, 조직과, 상사와, 하사와의 불화가 많았던 걸로 알고 있다. 정말 화해할 수 없는 것은 뭔가요?"라는 질문에 그렇게 답했다.(직장의 하급자를 '하사'라고 부르진 않지만, 김경이 '상사'와의 각운脚韻 효과를 살리기 위해 쓴 말로 이해하면 되겠다.)

"그런 인간들과는 화해할 수 없고, 그런 인간들을 난 경멸해요. 난 나 자신이 도덕적인 인간이라는 확신이 없어요. 이것은 내가 부도덕하게 살아왔다는 얘기가 아니에요. 그건 좀 다른 얘기죠. 칸트나 공자가 말한 도덕성에 도달한 인간이냐는 것에 대해서는 확신은 없어요. 내가 무슨 일을 할지 모르는 거야. 조마조마 위태로운 지경에서 사는 것이지요. 그런데 그런 확신을 가진 자들은 자기 자신에 대한 성찰이 안 되어 있는 놈들이라는 겁니다.(탁!)"[17]

오해의 소지가 있는 주장이지만, 소통의 중요성을 역설한 걸로 보면 되겠다. 무엇에 대해 '확신'을 하더라도 소통의 가능성은 열어두라는 뜻이다. 그 가능성을 차단하면 확신은 폭력으로 변질될 수 있다. 독재정권을 상대로 민주화 투쟁을 하는 것처럼 비상한 시기엔 "확신은 잔인한 사고방식이다"는 말은 보수적 궤변으로 들릴 수 있겠지만, 민주화 이후의 민주주의 체제에선 진리로 간주되는 게 마땅하다.

그 순간 그 문장이 떠올랐다

신념 |

❧ 가장 선한 자들은 모든 신념을 잃고, 반면 가장 악한 자들은 격정에 차 있다. __아일랜드 시인 윌리엄 버틀러 예이츠

예이츠의 시 「재림」에 나오는 구절이다. 철학자 슬라보예 지젝은 『폭력이란 무엇인가: 폭력에 대한 6가지 삐딱한 성찰』(2008)에서 "이 구절은 무기력한 자유주의자와 열정적인 근본주의자 사이의 균열을 훌륭하게 묘사해주고 있다"며 이렇게 말한다. "군중이 격정적으로 열광하는 것은 진정한 신념이 없다는 증거다. 테러를 자행하는 근본주의자들 역시 마음 깊은 곳에는 진정한 확신이 없다. 그들의 폭력적인 분출이 바로 그 증거다."[18]

❧ 인간은 경솔한 신념의 동물이며 반드시 무엇인가를 믿어야 한다. 신념에 대한 좋은 토대가 없을 때는 나쁜 것이라도 일단 믿고 만족하고 싶어한다.[19] __영국 철학자 버트런드 러셀

논리를 사랑했던 러셀은 논리가 없는 신념에 대해 부정적이었다. 러셀은 1932년에 쓴 「현대의 불확실성에 관

하여」라는 글에서 세계의 역사에는 네 종류의 시대가 존재해왔다고 말했다. "모든 사람이 자기는 다 안다고 생각했던 시대, 자기가 아는 것이 있다고 생각하는 사람이 아무도 없었던 시대, 똑똑한 사람들은 많이 안다고 생각하고 어리석은 사람들은 별로 아는 게 없다고 생각했던 시대, 어리석은 사람들은 많이 안다고 생각하고 똑똑한 사람들은 아는 게 별로 없다고 생각했던 시대. 첫번째 종류의 시대는 안정의 시대이고, 두번째는 서서히 쇠퇴하는 시대이고, 세번째는 진보의 시대이고, 네번째는 재앙의 시대이다."[20]

러셀은 지성인들이 회의주의를 떨쳐내라는 뜻에서 이 말을 했지만, 그러기 위해선 신념이 필요한 게 아닌가? 그렇다면 신념 자체가 문제라기보다는 어떤 사람들이 신념을 갖느냐가 중요하다는 이야긴데, 그 자격을 판별하는 건 영 쉽지 않은 일이다. 우리는 지금 모든 게 불확실한데도 신앙과 같은 신념을 갖고 확실성을 외쳐대는 사람들이 큰 힘을 행사하는 시대에 살고 있는 건 아닐까? 이게 과연 '재앙의 시대'인지는 알 수 없지만 말이다.

✍ 인물의 전기傳記를 쓰게 되면 정치적 신념이 논리적

으로 결정된다는 생각은 바늘에 찔린 풍선처럼 붕괴되고 만다.[20] __미국 저널리스트 월터 리프만

정치적 신념은 논리보다는 우연이나 상황에 의해 결정되는 경우가 훨씬 많다. 한국에서는 출신지역이 주요 변수다.

"정치적 신념은 비정치적 신념보다 훨씬 바뀌기 어렵다."[22] 미국의 뇌과학자 조내스 캐플런Jonas Kaplan의 말이다. "신념이 공격받았을 때 인간은 전 재산을 잃은 것보다 더 큰 고통을 느낀다." 서울대 심리학과 교수 김명언의 말이다. 그는 가짜뉴스가 기승을 부리는 배경으로 "정보의 진위를 따지기 전에 주린 배를 채우듯 가짜 뉴스를 받아들일 수밖에 없는 심리 상황"을 지적했다.[23]

✎ 내가 누군가의 '평생의 인물'로 기억되는 것이 과연 행복한 일일까? __여성학자 정희진

이 물음에 대한 정희진의 답은 이렇다. "나로서는 평생의 인물이 존재하는 것도, 내가 타인의 평생의 인물인 것도 끔찍한 일이다. 그것은 '한번 해병은 영원한 해병'처럼 본질주의 정치학이라고 생각한다. 사람이든, 정치적 신념이든, 돈이든, 몸이든 영원을 추구하는 것은 음식물과

죽은 동물이 썩지 않는 세상을 바라보는 것 같은 두려운 일이다. (…) 나는 변치 않는 정치적 신념을 가진 사람이나 평생 한 사람만을 사랑했다는 사람들을 좋게 생각하지 않는다."

참으로 깊은 뜻이 담긴 말이 아닐 수 없다. 여러 해석이 가능하겠지만, 우리 인간의 불완전성을 인정하고 살아가는 삶의 태도가 필요하다는 뜻으로 받아들일 수 있겠다. 불완전한 존재가 완전한 척 하려고 할 때에, 또 그런 시도에 화답할 때에 싹트는 것은 바로 비극이다.

෴ 세상을 망치는 건 신념을 가진 인간들이다. __소설가 박민규

박민규는 "정의를 내세우고 대의명분을 내세우고, 반드시 이래야 하고 반드시 저래야 하는, 벽에 똥칠을 할 때까지 자신의 신념을 굽히지 않는 고집불통의 인간들"에 대해 이렇게 진단한다.

"바로 이런 인간들이 정쟁政爭을 벌이고, 테러를 자행하고, 전쟁을 일으키고, 위안부를 동원하고, 학생들의 머리를 바짝 쳐 올리고(一字로), 어디 여자가 길에서 담배를, 지나가던 여성을 폭행하고, 공부해라 공부해라, 자식

을 닦달하고, 이데올로기 같은 걸 만들어내고, 완장을 차고, 배지를 달고, 불가능은 없다 밀어붙이고, 내가 누군데 큰소리를 치고, 당신은 가만히 있어 상대를 윽박지르고, 또 그러면서 자신은 다 이해한다고, 열려 있다고(주로 오픈 마인드란 단어를 쓰지) 얘기하고, 우리 제발 논리적으로, 합리적으로 그 문제를 논하자며 일갈하고(눈을 동그랗게 뜨고), 노래방에선 〈마이웨이〉를 부르고(태연하게), 단일민족 순수혈통 내 고향 내 지역 우리 가문 우리 동문, 어쨌거나 팔은 안으로 굽고, 늘 옳았으므로 잘못한 게 없고, 거리낌없이 대를 위해 소를 희생시키고, 무엇보다 굽히지 않고, 태연히 일어나 분재에 물을 주고, 아무튼 이거 참 민족의 앞날을 걱정하고, 이 나라가 큰일이야 진심으로, 진심으로 이 나라를 걱정하고(사이코 같으니라고)."

오해의 소지가 큰 주장이지만, 다른 사람의 생각을 존중하자는 뜻을 드라마틱하게 표현한 것으로 보면 되겠다. 나의 신념이 중한 만큼 남의 신념도 존중함으로써 요즘 유행하는 말로 이른바 '내로남불'을 범하지 말자는 것이다. 자신의 신념이나 이념이 우연이나 상황에 의해 형성되었을 가능성을 염두에 두면서 그것에 무슨 타고난 DNA나 있는 것처럼 과장하지 않는 게 좋겠다.

일관성 |

✿ 일관성이란 옹졸한 마음들을 모아놓은 도깨비이다.

___미국 철학자 랠프 왈도 에머슨

낭만적 개인주의 철학에 투철했던 에머슨은 민주주의를 설교하면서 사실상 몰개성적 관습과 이에 대한 순응을 요구하는 사회에 분개하여 그렇게 말했다. 일관된 관습과 신념을 가지라는 요구는 과거를 이용하여 현재에 독재를 행사하는 방법에 불과하다는 것이다. 자립이 유일한 대안이며 "자립하는 사람은 누구든지 비순응주의자이어야 한다"는 게 그의 메시지였다.[24]

✿ 일관성은 상상력이 없는 사람의 마지막 도피처다. ___

영국 작가 오스카 와일드

사실 일관성과 상상력은 상극의 관계다. 상상력은 기존의 일관성에서 이탈할 것을 요구하는데, 그게 어디 쉬운 일인가? 그래서 상상력이 없는 사람은 일관성을 핑계로 내세우면서 자신을 정당화하려는 유혹을 받기 쉽다.

꙳   완벽하게 일관적인 유일한 사람은 죽은 사람뿐이다.

___영국 작가 올더스 헉슬리

비일관성은 정서적으로 혼란을 일으키기 때문에 일관성을 선호하는 경향은 나이 들수록 더 짙어진다. 그래서 마케팅 전문가들은 나이 든 사람을 대상으로 세일즈를 할 때 새로운 제품이 어떤 식으로 기존의 가치와 부합하는지에 초점을 맞추어 메시지를 전달하는 것이 좋다고 말한다.[25]

꙳   대부분의 유권자들에게 일관성은 중요치 않다.[26] ___

2008년 미국 대선 세라 페일린 선거캠프

그래서 세라 페일린 선거캠프는 선거전략을 머리에 호소하는 것이 아니라 감정 단추를 눌러 가슴에 호소하는 것으로 바꾸었다. 비록 패배하긴 했지만, 한동안 미국을 휩쓴 '페일린 열풍'은 바로 그런 감성전략의 산물이었다. 선거에서 후보의 일관성이 중요하다는 것은 언론이나 지식인의 생각일 뿐, 감성 위주의 캠페인에선 일관성이 별 힘을 못 쓰는 것 같다.

그러나 일관성을 중요하게 생각하는 사람들도 많다. 미국 사회심리학자 앤서니 그린월드Anthony Greenwald 연구

팀이 어떤 선거 하루 전날 유권자들을 대상으로 한 실험에서 "투표할 것인가"라는 질문을 받은 사람들의 투표율은 질문을 받지 않은 사람들의 투표율보다 25.2% 더 높은 것으로 나타났다.(각각 86.7%와 61.5%) 사람들은 바람직한 행동에 참여할 것인지 아닌지를 말해달라는 부탁을 받으면, 대개 참여할 거라고 대답해야 한다는 부담을 느끼며, 대다수는 그렇게 공개적으로 말한 후에는 말대로 행동해야 한다는 내적 압력을 받기 때문에 나타나는 현상이다.

이런 '일관성의 법칙'은 다양한 분야에서 활용되고 있다. 예컨대 식당 주인이 예약 전화를 받는 직원의 멘트를 살짝 바꾼 것만으로, 예약을 해놓고서 약속을 지키지 않고 취소 전화도 하지 않는 사람들의 수를 대폭 줄인 사례가 있다. "취소해야 할 일이 생기면 전화 주세요"라고 말하던 것을 "취소해야 할 일이 생기면 전화 주시겠습니까?"라고 바꿨더니, 이것만으로 예약 불발 비율은 30%에서 10%로 줄었다. 고객이 "예"라고 답하면 부담을 갖게 돼 일어난 변화다.[27]

심리학 용어 중에 '일관성 편향consistency bias'이라는 것도 있다. 어떤 사람이 지니고 있는 특성을 보고 그 사람은 마치 예전부터 그래 왔다고 보는 현상을 말한다. 일관성 편향은 사람을 대할 때 편견을 갖게 하는 근원으로 꼽힌다.[28] 이런 일관성 편향이 정치 분야에서 나타나면, 그게 바로 당파성이다.

"나는 이른바 이념이라는 것이 일관되어야 하는 까닭을 모르겠다." 소설가 김훈의 말이다. "이념의 일관성으로 세상의 정의와 불의와 미추, 이런 것들을 판단한다는 것은 나는 매우 부당한 일이라고 생각합니다. 그리고 인간의 세상이라는 것은 일관될 수가 없는 것입니다. 특히 소설가의 머릿속은 일관성이 없고 뒤죽박죽인 것이에요. 나는 그 일관성이라는 것을 빈곤이라고 생각하는 사람입니다. 글을 쓰는 데 있어서도, 정보와 사실을 논리적으로 전개한다는 것이, 자기의 이념을 일관되게 선개한다는 뜻은 아닌 것이죠."[29]

하지만 정권의 문제로 들어가면 한국은 일관성이 없는 게 가장 큰 문제라는 지적도 있다. 어느 경제학자는 "온 나라가 문제 지적指摘 능력은 최상급인데 문제 해결 능력은 최하급인 나라로 나아가고 있다"고 개탄한다. 5년마다 바뀌는 정권이 온갖 문제점을 무한대로 쏟아낸 뒤

더 많이 알수록 더 많이 의심하라

해결책은 앞선 정권 것 싹 무시하고 자신만의 것을 고집하기 때문에 노하우가 쌓이지 않아 문제 해결이 제대로 될 리 없다는 것이다. 이에 대해 이인열은 「일관성 실종 중병重病 앓는 한국」이라는 칼럼에서 다음과 같이 지적한다.

"지금 대한민국은 단기 처방으로는 치유할 수 없는 환자라 할 수 있다. 그런데 중·장기적이고 일관성 있는 어떤 처방도 없이 대증요법만 난무한다. 눈치만 살피는 공무원을 비판만 할 일이 아니다. 5년마다 과녁이 바뀌는 시대에 누가 죽으라고 뛰겠는가. 코치가 과녁을 자꾸 바꾸면 열심히 훈련할 자세가 된 선수일수록 더 힘들다. 권력 시스템에 대한 근본적 논의가 필요한 시점이다."[30]

아무래도 일관성을 분류하는 작업이 필요할 것 같다. 우리가 흔히 일관성이 중요하다고 말할 때엔 자신의 잇속을 위해 생각을 쉽게 바꾸는 사람들을 겨냥한 것이다. 이런 일관성이 필요하다는 데는 누구나 다 동의하겠지만, 문제는 그 일관성이라는 것이 맹목적인 당파성으로 변질되는 경우다. '좋은 일관성'과 '나쁜 일관성'으로 구분해야 할까?

앞서 인용한 이인열은 『조선일보』 산업1부 차장이다.

『조선일보』에 비판적인 사람에겐『조선일보』기자의 말은 긍정 인용하지 않는 게 일관성을 지키는 걸까? 그걸 과연 일관성이라고 할 수 있을까? 5년 정권의 근본적 한계이자 문제는 여야를 뛰어넘는 정치의 속성인바, 결코 당파적으로 볼 일이 아니다. 그게 일관성이라고 생각하는 사람에겐 "일관성은 상상력이 없는 사람의 마지막 도피처다"는 말이 딱 어울리는 게 아닐까? 상상력이 흘러넘치는 일관성의 길로 나아가는 게 좋겠다.

더 많이 알수록 더 많이 의심하라

| 주석 |

※ 이 책에선 참고한 번역서의 출간연도는 '1991/2004'와 같은 식으로 원서의 출간연도와 번역서의 출간연도를 동시에 표기했다. 일반적인 표기법은 아니지만, 어떤 번역서를 읽을 때에 원서의 출간연도를 아는 게 중요하다는 나의 평소 소신에 따른 것이다. 번역서가 언제 나왔는가 하는 것은 출판사와 번역자에게나 중요할 뿐 독자의 입장에선 원서의 출간연도가 더 중요하다는 나의 생각에 공감하는 독자가 많기를 기대한다.

머리말

1) 권용선, 『세계와 역사의 몽타주, 벤야민의 아케이드 프로젝트』(그린비, 2009), 19쪽

2) 김정아, 「옮긴이의 말: 19세기 파리의 거대한 몽타주」, 수잔 벅 모스(Susan Buck-Morss), 김정아 옮김, 『발터 벤야민과 아케이드 프로젝트』(문학동네, 1991/2004), 587~588쪽.

1장

1) 헨리 데이빗 소로우(Henry David Thoreau), 강승영 옮김, 『월든』(이레, 1854/1993).

2) David O. Sears, Jonathan L. Freedman, Letitia Anne Peplau, 홍대식 옮김, 『사회심리학』(박영사, 1986), 247~248쪽.

3) 미하이 칙센트미하이(Mihaly Csikszentmihalyi), 이희재 옮김, 『몰입의 즐거움』(해냄, 1997/1999), 121쪽.

4) 양창순, 「때로는 혼자 있을 수 있는 능력이 필요하다」, 『경향신문』, 2019년 5

월 15일.

5) 박지원, 『아이돌을 인문하다: 문학과 철학으로 읽는 그들의 노래·우리의 마음』(사이드웨이, 2018), 283쪽.

6) 김훈·김용옥, 「기자 도올, 소설가 김훈을 인터뷰하다」, 『중앙일보』, 2007년 4월 13일, 3면.

7) 이 말은 올리버 버크먼의 해설을 인용한 것이어서 원문과는 차이가 있을 수 있다. 올리버 버크먼(Oliver Burkeman), 김민주·송희령 옮김, 『행복중독자: 사람들은 왜 돈, 성공, 관계에 목숨을 거는가』(생각연구소, 2011/2012), 110쪽.

8) Elisabeth Noelle-Neumann, 『The Spiral of Silence: Public Opinion-Our Social Skin』, 2nd ed.(Chicago, IL: The University of Chicago Press, 1993), p.182.

9) 윤동주 외, 『평생 간직하고픈 시』(북카라반, 2015), 50쪽.

10) 박지원, 『아이돌을 인문하다: 문학과 철학으로 읽는 그들의 노래·우리의 마음』(사이드웨이, 2018), 504쪽.

11) 올리버 버크먼(Oliver Burkeman), 김민주·송희령 옮김, 『행복중독자: 사람들은 왜 돈, 성공, 관계에 목숨을 거는가』(생각연구소, 2011/2012), 109~110쪽.

12) 니콜라스 디폰조(Nicholas DiFonzo), 곽윤정 옮김, 『루머사회: 솔깃해서 위태로운 소문의 심리학』(흐름출판, 2008/2012), 9쪽.

13) 베르트랑 베르줄리(Bertrand Vergely), 성귀수 옮김, 『행복 생각』(개마고원, 2002/2007), 41쪽.

14) 에리히 프롬(Erich Fromm), 시사영어사 편집국 옮김, 『자유로부터의 도피』(YBM, 1986), 41쪽.

15) 파리 리뷰(Paris Review), 권승혁 · 김진아 옮김, 『작가란 무엇인가: 소설가들의 소설가를 인터뷰하다 1』(다른, 2014/2014), 372~373쪽.

16) 파리 리뷰(Paris Review), 권승혁 · 김진아 옮김, 『작가란 무엇인가: 소설가들의 소설가를 인터뷰하다 1』(다른, 2014/2014), 408쪽.

17) 파리 리뷰(Paris Review), 권승혁 · 김진아 옮김, 『작가란 무엇인가: 소설가들의 소설가를 인터뷰하다 1』(다른, 2014/2014), 116~117쪽.

18) 브레네 브라운(Brené Brown), 서현정 옮김, 『나는 왜 내 편이 아닌가: 나를 괴롭히는 완벽주의 신화로부터 자유로워지는 법』(북하이브, 2007/2012), 59쪽.

19) 에릭 클라이넨버그(Eric Klinenberg), 안진이 옮김, 『고잉 솔로: 싱글턴이 온다』(더퀘스트, 2012/2013), 36쪽.

20) 김호기, 「노인을 위한 나라는 없다」, 『한국일보』, 2015년 5월 12일.

21) 샘 혼(Sam Horn), 이상원 옮김, 『적을 만들지 않는 대화법』(갈매나무, 1996/2008), 103쪽.

22) 제러미 리프킨(Jeremy Rifkin), 이경남 옮김, 『공감의 시대(The Emphatic Civilization)』(민음사, 2009/2010), 19~20쪽; Empathy, Wikipedia.

23) John Stewart ed., 『Bridges Not Walls: A Book about Interpersonal Communication』(New York: McGraw-Hill, 1995), p. 186.

24) 브레네 브라운(Brené Brown), 서현정 옮김, 『나는 왜 내 편이 아닌가: 나를 괴롭히는 완벽주의 신화로부터 자유로워지는 법』(북하이브, 2007/2012), 85쪽.

25) 제러미 리프킨(Jeremy Rifkin), 이경남 옮김, 『공감의 시대』(민음사, 2009/2010), 54, 558~559쪽.

26) 문학수, 「경쟁이 미덕? 무뎌진 '공감' 되살려야 살 만한 세상」, 『경향신문』, 2017년 9월 2일.

27) 스티븐 아스마(Stephen T. Asma), 노상미 옮김, 『편애하는 인간: 평등 강박에 빠진 현대인에 대한 인문학적 탐구』(생각연구소, 2013/2013), 240쪽.

28) 김소연, 「공감이 트럼프를 만들었다」, 『한겨레』, 2019년 6월 21일, 3면.

29) 최재봉, 「김훈 "악다구니로 날 지새⋯남의 고통 공감 능력 사라졌다"」, 『한겨레』, 2019년 6월 1일.

30) 리차드 칼슨(Richard Calson), 강미경 옮김, 『우리는 사소한 것에 목숨을 건다』(창작시대, 1997/2000), 49쪽.

31) 엘프리다 뮐러-카인츠(Elfrida Müller-Kainz) & 크리스티네 죄닝 (Christine Sönning), 강희진 옮김, 『더 본능적으로 살아라』(타커스, 2003/2012), 64쪽.

32) 토마스 차모로-프레무지크(Tomas Chamorro-Premuzic), 이현정 옮김, 『위험한 자신감: 현실을 왜곡하는 아찔한 습관』(더퀘스트, 2013/2014), 73쪽.

33) Robert W. Fuller, 『Somebodies and Nobodies: Overcoming the Abuse of Ranks』(Gabriola Island, Canada: New Society Publishers, 2003/2004), p.93.

34) 이신영, 「[Weekly BIZ] [Cover Story] 韓·中·日, 내셔널리즘 늪에 갇혔다」, 『조선일보』, 2014년 1월 4일.

35) Robert W. Fuller, 『Somebodies and Nobodies: Overcoming the Abuse of Ranks』(Gabriola Island, Canada: New Society Publishers, 2003/2004), p. 128; 로버트 풀러(Robert W. Fuller), 안종설 옮김, 『신분의 종말: '특별한 자'와 '아무것도 아닌 자'의 경계를 넘어서』(열대림, 2003/2004), 255쪽.

36) 김현철, 『불안하니까 사람이다: 정신과 의사들만 아는 불안 심리 30』(애플북스, 2011), 36~38쪽.

37) 김찬호, 『모멸감: 굴욕과 존엄의 감정사회학』(문학과지성사, 2014), 293~294쪽.

2장

1) 안상헌, 『내 삶을 만들어준 명언노트』(랜덤하우스중앙, 2005), 19쪽.

2) 마티 올슨 래니(Marti Olsen Laney), 박윤정 옮김, 『내성적인 사람이 성공한다』(서돌, 2002/2006), 152쪽.

3) 이동진 편역, 『세계의 명언 1』(해누리, 2007), 85~86쪽.

4) 올리버 버크먼(Oliver Burkeman), 김민주·송희령 옮김, 『행복중독자: 사람들은 왜 돈, 성공, 관계에 목숨을 거는가』(생각연구소, 2011/2012), 60~61쪽.

5) 줄리 노럼(Julie K. Norem), 임소연 옮김, 『걱정 많은 사람들이 잘되는 이유』

(한국경제신문, 2001/2015), 11~15쪽.

6) 올리버 버크먼(Oliver Burkeman), 김민주·송희령 옮김, 『행복중독자: 사람들은 왜 돈, 성공, 관계에 목숨을 거는가』(생각연구소, 2011/2012), 61쪽.

7) 올리버 버크먼(Oliver Burkeman), 김민주·송희령 옮김, 『행복중독자: 사람들은 왜 돈, 성공, 관계에 목숨을 거는가』(생각연구소, 2011/2012), 61~62쪽.

8) 아리아나 허핑턴(Ariana Huffington), 강주헌 옮김, 『제3의 성공』(김영사, 2014/2014), 208쪽.

9) 앨런 호위츠(Allan V. Horwitz), 이은 옮김, 『불안의 시대: 역사 이전부터 불안은 존재했다』(중앙북스, 2013/2013), 109~110쪽.

10) 레베카 라인하르트(Rebekka Reinhard), 장혜경 옮김, 『방황의 기술』(웅진지식하우스, 2010/2011), 34쪽.

11) 알랭 드 보통(Alain de Botton), 정영목 옮김, 『불안』(은행나무, 2004/2011), 66~67쪽; 엄주엽, 「"현대인 불안은 '지위'서 온다"」, 『문화일보』, 2005년 10월 21일, 22면.

12) 알랭 드 보통(Alain de Botton), 정영목 옮김, 『불안』(은행나무, 2004/2011), 297쪽.

13) 박돈규, 「"不安은 현대인의 질병, 기대 수치를 줄여라"」, 『조선일보』, 2015년 1월 19일.

14) 레베카 라인하르트(Rebekka Reinhard), 장혜경 옮김, 『방황의 기술』(웅진지식하우스, 2010/2011), 16~21쪽.

15) 일자 샌드(Ilse Sand), 김유미 옮김, 『서툰 감정』(다산3.0, 2016/2017), 159~160쪽.

16) 앤드리아 피터슨(Andrea Petersen), 박다솜 옮김, 『불안에 대하여』(열린책들, 2017/2018), 388쪽.

17) 김성희, 「고소득층 49% "나도 빈곤층"…빈부에 상관없이 '에구~ 머니'」, 『중앙일보』, 2016년 1월 16일.

18) 데이비드 톰슨(David Thomson), 「루소와 일반의지」, D. 톰슨(David

Thomson) 엮음, 김종술 옮김, 『서양 근대정치사상』(서광사, 1990), 139~154쪽.

19) 엠리스 웨스타콧(Emrys Westacott), 노유기 옮김, 『단순한 삶의 철학』(책세상, 2016/2017), 138쪽.

20) 박지원, 『아이돌을 인문하다: 문학과 철학으로 읽는 그들의 노래·우리의 마음』(사이드웨이, 2018), 154쪽.

21) 에릭 호퍼(Eric Hoffer), 이민아 옮김, 『맹신자들: 대중운동의 본질에 관한 125가지 단상』(궁리, 1951/2011), 22쪽.

22) 다니엘라 로코 미네르비(Daniela Rocco Minerbi), 「피에르 테야르 드 샤르댕: 보편적 인격화」, 요한 갈퉁(Johan Galtung) & 소하일 이나야툴라(Sohail Inayatullah) 편저, 노영숙 옮김, 『거시사의 세계: 미래를 보는 눈』(우물이있는집, 2005/2005), 176쪽.

23) 세스 고딘(Seth Godin), 박세연 옮김, 『이카루스 이야기: 생각을 깨우는 변화의 힘』(한국경제신문, 2012/2014), 42~43쪽.

24) EBS 3분영어 제작팀, 『생각하는 영어사전 ing 2』(인물과사상사, 2010), 234~237쪽.

25) 임귀열, 「임귀열 영어」, 『한국일보』, 2014년 7월 1일.

26) 임귀열, 「임귀열 영어」, 『한국일보』, 2009년 11월 4일.

27) 스티븐 코비(Stephen R. Covey), 김경섭 옮김, 『성공하는 사람들의 8번째 습관』(김영사, 2004/2005), 250쪽.

28) 노먼 빈센트 필, 『꿈꾼 대로 된다: 실패를 낙관으로 바꾸는 자기경영원리』(21세기북스, 1961/2008), 210쪽.

29) 카롤린 엠케(Carolin Emcke), 정지인 옮김, 『혐오사회: 증오는 어떻게 전염되고 확산되는가』(다산초당, 2016/2017), 72쪽.

30) 리처드 칼슨(Richard Carlson), 이창식 옮김, 『행복에 목숨 걸지 마라: 지금 당장 버리면 행복해지는 사소한 것들』(한국경제신문, 2002/2010), 262쪽.

31) 윌러드 게일린(Willard Gaylin), 신동근 옮김, 『증오』(황금가지, 2003/2009), 49~50쪽.

32) 브레네 브라운(Brené Brown), 서현정 옮김, 『나는 왜 내 편이 아닌가: 나를 괴롭히는 완벽주의 신화로부터 자유로워지는 법』(북하이브, 2007/2012), 230쪽.

33) 샘 혼(Sam Horn), 이상원 옮김, 『적을 만들지 않는 대화법』(갈매나무, 1996/2008), 20쪽.

34) 정도언, 『프로이트의 의자: 숨겨진 나와 마주하는 정신분석 이야기』(인플루엔셜, 2009), 125~126쪽.

35) 샘 혼(Sam Horn), 이상원 옮김, 『적을 만들지 않는 대화법』(갈매나무, 1996/2008), 239쪽.

3장

1) 스티븐 아스마(Stephen T. Asma), 노상미 옮김, 『편애하는 인간: 평등 강박에 빠진 현대인에 대한 인문학적 탐구』(생각연구소, 2013/2013), 149~150쪽.

2) 신동열, 「오버도그 vs 언더도그…선악 가르는 기준은 아니죠!」, 『한국경제』, 2012년 4월 20일.

3) 알랭 드 보통(Alain de Botton), 정영목 옮김, 『불안』(은행나무, 2004/2011), 33쪽.

4) 롤프 하우블(Rolf Haubl), 이미옥 옮김, 『시기심: ‘나’는 시기하지 않는다』(에코리브르, 2001/2002), 160쪽.

5) 롤프 하우블(Rolf Haubl), 이미옥 옮김, 『시기심: ‘나’는 시기하지 않는다』(에코리브르, 2001/2002), 181~183쪽.

6) 롤프 하우블(Rolf Haubl), 이미옥 옮김, 『시기심: ‘나’는 시기하지 않는다』(에코리브르, 2001/2002), 309, 356쪽.

7) 에릭 와이너(Eric Weiner), 김승욱 옮김, 『행복의 지도: 어느 불평꾼의 기발한 세계일주』(웅진지식하우스, 2008/2008), 53쪽.

8) 클라우스 페터 지몬(Claus Peter Simon), 장혜경 옮김, 『감정을 읽는 시간』(어크로스, 2013/2014), 182쪽.

9) 강준만, 「배 아픈 건 못 참는다: 한국형 평등주의의 괴력」, 『한국인 코드』(인물과사상사, 2006), 57~75쪽 참고.

10) 엠리스 웨스타콧(Emrys Westacott), 노유기 옮김, 『단순한 삶의 철학』(책세상, 2016/2017), 203쪽.

11) 유종일, 『진보경제학: 철학, 역사 그리고 대안』(모티브북, 2012), 199쪽.

12) 폴 크루그먼(Paul Krugman), 송철복 옮김, 『대폭로』(세종연구원, 2003); 피터 싱어(Peter Singer), 정연교 옮김, 『이렇게 살아가도 괜찮은가』(세종서적, 1995/1996), 30쪽.

13) 피터 싱어(Peter Singer), 정연교 옮김, 『이렇게 살아가도 괜찮은가』(세종서적, 1995/1996), 97쪽.

14) 벨 훅스(Bell Hooks), 이영기 옮김, 『올 어바웃 러브』(책읽는수요일, 2000/2012), 161쪽.

15) 벨 훅스(Bell Hooks), 이영기 옮김, 『올 어바웃 러브』(책읽는수요일, 2000/2012), 157쪽.

16) 마광수, 『마광쉬즘: 마광수 아포리즘』(인물과사상사, 2006), 199쪽.

17) 대니얼 돌링(Daniel Dorling), 배현 옮김, 『불의란 무엇인가: 사회불평등을 지속시키는 다섯가지 거짓말』(21세기북스, 2010/2012), 12쪽.

18) 김태형, 『불안증폭사회: 벼랑 끝에 선 한국인의 새로운 희망 찾기』(위즈덤하우스, 2010), 65쪽.

19) 안토니오 가르시아 마르티네즈(Antonio Garcia Martinez), 문수인 옮김, 『카오스 멍키』(비즈페이퍼, 2016/2017), 108쪽.

20) 피터 틸(Peter Thiel) & 블레이크 매스터스(Blake Masters), 이지연 옮김, 『제로 투 원』(한국경제신문, 2014/2014), 37쪽.

21) 토머스 프랭크(Thomas Frank), 고기탁 옮김, 『민주당의 착각과 오만: 미국 민주당의 실패에서 배우기』(열린책들, 2016/2018), 213쪽.

22) 이신영, 「[Weekly BIZ] 美도 한국도… 中을 멀리하라」, 『조선일보』, 2013년 12월 14일.

23) 마거릿 헤퍼넌(Margaret Heffernan), 김성훈 옮김, 『경쟁의 배신: 경쟁은

누구도 승자로 만들지 않는다』(알에이치코리아, 2014/2014), 34~35쪽.

24) 일레인 아론(Elaine N. Aron), 고빛샘 옮김,『사랑받을 권리: 상처입은 나를 치유하는 심리학 프레임』(웅진지식하우스, 2010/2010), 17쪽.

25) 일레인 아론(Elaine N. Aron), 고빛샘 옮김,『사랑받을 권리: 상처입은 나를 치유하는 심리학 프레임』(웅진지식하우스, 2010/2010), 84~85쪽.

26) 김누리,「경쟁, 야만의 다른 이름」,『한겨레』, 2018년 9월 10일.

27) 전옥표,『착한 경쟁: 경쟁의 관점을 바꾸는 현명한 지혜』(비즈니스북스, 2015), 25쪽.

28) William Morris & Mary Morris, Morris Dictionary of Word and Phrase Origins, 2nd ed.(New York: Harper & Row, 1971), p.391.

29) A. B. Atkinson,『The Economics of Inequality』(Oxford, U.K.: Clarendon Press, 1975), p.143.

30) Todd Gitlin,『Media Unlimited: How the Torrent of Images and Sounds Overwhelms Our Lives』(New York: Metropolitan Books, 2002), p.38; 토드 기틀린, 남재일 옮김,『무한 미디어: 미디어 독재와 일상의 종말』(Human & Books, 2002/2006), 61~62쪽.

31) Mark J. Green, James M. Fallows, and David R. Zwick,「Congress: The Broken Branch」, Peter Collier ed.,『Dilemmas of Democracy: Readings in American Government』(New York: Harcourt Brace Jovanivich, 1976), p.58.

32) 엠리스 웨스타콧(Emrys Westacott), 노윤기 옮김,『단순한 삶의 철학』(책세상, 2016/2017), 200쪽.

33) 임귀열,「임귀열 영어」,『한국일보』, 2010년 2월 24일자.

34) 도널드 트럼프(Donald Trump) 빌 쟁커(Bill Zanker), 김원호 옮김,『도널드 트럼프 억만장자 마인드』(청림출판, 2007/2008), 36~37, 267쪽.

35) 베르트랑 베르줄리(Bertrand Vergely), 성귀수 옮김,『행복 생각』(개마고원, 2002/2007), 164쪽.

36) 김훈,『밥벌이의 지겨움』(생각의나무 2003), 265쪽.

그 순간 그 문장이 떠올랐다

37) 리처드 스웬슨(Richard A. Swenson), 정명진 옮김, 『여유』(부글북스, 2004/2012), 243쪽.

38) 리처드 스웬슨(Richard A. Swenson), 정명진 옮김, 『여유』(부글북스, 2004/2012), 228쪽.

39) 서옥식 편저, 『오역의 제국: 그 거짓과 왜곡의 세계』(도리, 2013), 119쪽.

40) 임귀열, 「임귀열 영어」, 『한국일보』, 2012년 6월 27일; 임귀열, 「임귀열 영어」, 『한국일보』, 2015년 4월 22일.

41) 에릭 호퍼(Eric Hoffer), 이민아 옮김, 『맹신자들: 대중운동의 본질에 관한 125가지 단상』(궁리, 1951/2011), 51~52쪽.

42) 에릭 호퍼(Eric Hoffer), 이민아 옮김, 『맹신자들: 대중운동의 본질에 관한 125가지 단상』(궁리, 1951/2011), 53쪽.

43) 리처드 스웬슨(Richard A. Swenson), 정명진 옮김, 『여유』(부글북스, 2004/2012), 238쪽.

4장

1) 이동진 편역, 『세계의 명언 1』(해누리, 2007), 746쪽.

2) 빌 브라이슨(Bill Bryson), 정경옥 옮김, 『빌 브라이슨 발칙한 영어산책: 엉뚱하고 발칙한 미국의 거의 모든 역사』(살림, 1994/2009), 71쪽.

3) 허버트 알철(J. Herbert Altschull), 양승목 옮김, 『현대언론사상사: 밀턴에서 맥루한까지』(나남, 1990/1993), 251~252쪽.

4) 빌 브라이슨(Bill Bryson), 정경옥 옮김, 『빌 브라이슨 발칙한 영어산책: 엉뚱하고 발칙한 미국의 거의 모든 역사』(살림, 1994/2009), 87쪽.

5) 헨드릭 빌렘 반 룬(Hendrik Willem van Loon), 이혜정 옮김, 『관용』(서해문집, 1925/2005), 439쪽.

6) Faith, Wikipedia.

7) Erich Fromm, 『The Art of Loving』(New York: Bantam Books, 1956/1963), p. 106.

8) Saul D. Alinsky, 『Reveille for Radicals』(New York: Vintage Books,

1946/1989), p. 192.

9) 강상중, 노수경 옮김,『악의 시대를 건너는 힘』(사계절, 2015/2017), 172~173
쪽.

10) 스티븐 M. R. 코비(Stephen M. R. Covey), 김경섭 · 정병창 옮김,『신뢰의
속도』(김영사, 2006/2009), 366쪽.

11) 말레네 뤼달(Malene Rydahl), 강현주 옮김,『덴마크 사람들처럼: 세상
에서 가장 행복한 사람들에게서 찾은 행복의 열가지 원리』(마일스톤,
2014/2015), 27쪽.

12) 스티븐 코비(Stephen R. Covey), 김경섭 옮김,『성공하는 사람들의 8번째
습관』(김영사, 2004/2005), 228~229쪽.

13) http://www.achievement.org/autodoc/printmember/omi0bio.

14) 토머스 L. 프리드먼(Thomas L. Friedman), 김상철·이윤섭 옮김,『세계는
평평하다』(창해, 2005/2005), 615쪽.

15) 스티븐 M. R. 코비(Stephen M. R. Covey), 김경섭 · 정병창 옮김,『신뢰의
속도』(김영사, 2006/2009), 413쪽.

16) 스티븐 M. R. 코비(Stephen M. R. Covey), 김경섭 · 정병창 옮김,『신뢰의
속도』(김영사, 2006/2009), 52~57쪽.

17) Max Cryer,『Common Phrases』(New York: Skyhorse, 2010), p. 281;
Christine Ammer,『The Facts on File Dictionary of Clichés』(New York:
Checkmark Books, 2001), p.416.

18) Daniel J. Boorstin,『Democracy and Its Discontents: Reflections on
Everyday America』(New York: Vintage Books, 1975), p. 29.

19) 키이스 페라지(Keith Ferrazzi), 박미경 옮김,『혼자 일하지 마라』(랜덤하우
스, 2009/2010), 106쪽.

20) 이와이 도시노리, 김윤수 옮김,『나는 더 이상 착하게만 살지 않기로 했다』
(다산3.0, 2014/2015), 5쪽.

21) 김기봉,『역사들이 속삭인다: 팩션 열풍과 스토리텔링의 역사』(프로네시스,
2009), 101쪽.

22) 폴 에얼릭(Paul R. Ehrlich)·로버트 온스타인(Robert Ornstein), 고기탁 옮김, 『공감의 진화: '우리' 대 '타인'을 넘어선 공감의 진화인류학』(에이도스, 2010/2012), 109쪽; 게리 켈러(Gary Keller)·제이 파파산(Jay Papasan), 구세희 옮김, 『원씽: 복잡한 세상을 이기는 단순함의 힘』(비즈니스북스, 2012/2013), 41쪽.

23) 스티븐 M. R. 코비(Stephen M. R. Covey), 김경섭·정병창 옮김, 『신뢰의 속도』(김영사, 2006/2009), 237쪽.

24) 찰스 포드(Charles V. Ford), 우혜령 옮김, 『왜 뻔한 거짓말에 속을까: 상대의 마음을 읽는 거짓말의 심리학』(21세기북스, 1999/2009), 313쪽.

25) 마리안 라프랑스(Marianne LaFrance), 윤영삼 옮김, 『웃음의 심리학: 표정 속에 감춰진 관계의 비밀』(중앙북스, 2011/2012), 161쪽.

26) 마리안 라프랑스(Marianne LaFrance), 윤영삼 옮김, 『웃음의 심리학: 표정 속에 감춰진 관계의 비밀』(중앙북스, 2011/2012), 161쪽.

27) 마리안 라프랑스(Marianne LaFrance), 윤영삼 옮김, 『웃음의 심리학: 표정 속에 감춰진 관계의 비밀』(중앙북스, 2011/2012), 166~167쪽.

28) 리처드 스텐걸(Richard Stengel), 임정근 옮김, 『아부의 기술: 전략적인 찬사, 아부에 대한 모든 것』(참솔, 2000/2006), 66쪽.

29) 마리안 라프랑스(Marianne LaFrance), 윤영삼 옮김, 『웃음의 심리학: 표정 속에 감춰진 관계의 비밀』(중앙북스, 2011/2012), 163쪽.

30) 찰스 포드(Charles V. Ford), 우혜령 옮김, 『왜 뻔한 거짓말에 속을까: 상대의 마음을 읽는 거짓말의 심리학』(21세기북스, 1999/2009), 193쪽.

31) 찰스 포드(Charles V. Ford), 우혜령 옮김, 『왜 뻔한 거짓말에 속을까: 상대의 마음을 읽는 거짓말의 심리학』(21세기북스, 1999/2009), 303쪽.

32) 이동진 편역, 『세계의 명언 1』(해누리, 2007), 1161쪽.

33) Daniel J. Boorstin, 『The Image: A Guide to Pseudo-Events in America』(New York: Atheneum, 1964), p. 36.

34) Dorothy Auchter, 『Dictionary of Historical Allusions & Eponyms』(Santa Barbara, CA: ABC-CLIO, 1998), p. 11.

35) 제임스 B. 트위첼(James B. Twitchell), 김철호 옮김, 『욕망, 광고, 소비의 문화사』(청년사, 2000/2001), 32쪽.

36) P. T. Barnum, Wikipedia; 강준만, 『흥행의 천재 바넘: P. T. 바넘의 '엔터테인먼트 민주주의'』(인물과사상사, 2016) 참고.

37) 조너선 하이트(Jonathan Haidt), 왕수민 옮김, 『바른 마음: 나의 옳음과 그들의 옳음은 왜 다른가』(웅진지식하우스, 2012/2014), 167쪽.

38) 조너선 하이트(Jonathan Haidt), 왕수민 옮김, 『바른 마음: 나의 옳음과 그들의 옳음은 왜 다른가』(웅진지식하우스, 2012/2014), 167쪽.

39) 임귀열, 「임귀열 영어」, 『한국일보』, 2013년 6월 5일.

5장

1) 김욱, 『마키아벨리즘으로 읽는 한국 헌정사』(책세상, 2003), 68쪽.

2) 니콜로 마키아벨리, 강정인·안선재 옮김, 『로마사 논고』(한길사, 2003), 54쪽.

3) 윌 듀란트, 이철민 옮김, 『철학 이야기』(청년사, 1987), 236쪽.

4) 윌 듀란트, 이철민 옮김, 『철학 이야기』(청년사, 1987), 236쪽.

5) 윌 듀란트, 이철민 옮김, 『철학 이야기』(청년사, 1987), 114쪽.

6) 래리 사모바(Larry A. Samovar) & 리처드 포터(Richard E. Porter), 정현숙 외 옮김, 『문화간 커뮤니케이션』(커뮤니케이션북스, 2004/2007), 373~374쪽.

7) 샘 혼(Sam Horn), 이상원 옮김, 『적을 만들지 않는 대화법』(갈매나무, 1996/2008), 138쪽.

8) 제임스 보그(James Borg), 이수연 옮김, 『설득력: 간결하고 강력하게 말하는 대화의 힘』(비즈니스맵, 2007/2009), 35쪽.

9) 샘 혼(Sam Horn), 이상원 옮김, 『적을 만들지 않는 대화법』(갈매나무, 1996/2008), 194쪽.

10) 성재민, 『소셜캠페인, 마음까지 마케팅하라』(북카라반, 2012), 50쪽.

11) 스티븐 M. R. 코비(Stephen M. R. Covey), 김경섭·정병창 옮김, 『신뢰의

속도』(김영사, 2006/2009), 346쪽.

12) Jack Welch, 『Winning』(New York: Harper, 2005), p.56.

13) 스티븐 M. R. 코비(Stephen M. R. Covey), 김경섭 · 정병창 옮김, 『신뢰의
속도』(김영사, 2006/2009), 345쪽.

14) Marshall B. Rosenberg, 『Nonviolent Communication: A Language of
Life』(Encinitas, CA: Puddle Dancer Press, 1999/2005), p. 117.

15) Carol A. Roach & Nancy J. Wyatt, 『Successful Listening』(New York:
Harper & Row, 1988), p. 2; John Stewart ed., 『Bridges Not Walls: A
Book about Interpersonal Communication』(New York: McGraw-Hill,
1995), p. 175.

16) Carol A. Roach & Nancy J. Wyatt, 『Successful Listening』(New York:
Harper & Row, 1988), p. 2; John Stewart ed., 『Bridges Not Walls: A
Book about Interpersonal Communication』(New York: McGraw-Hill,
1995), p. 172.

17) 마이클 니콜스(Michael P. Nichols), 정지현 옮김, 『대화의 심리학: 상대의
마음을 여는 놀라운 기술』(씨앗을뿌리는사람, 1995/2006), 158~163쪽.

18) Christine Ammer, 『The Facts on File Dictionary of Clichés』(New York:
Checkmark Books, 2001), pp. 113~114.

19) 토머스 칼라일(Thomas Carlyle), 박상익 옮김, 『영웅의 역사』(소나무,
1966/1997), 285쪽.

20) 리처드 솅크먼(Richard Shenkman), 이종인 옮김, 『미국사의 전설, 거짓말,
날조된 신화들』(미래M&B, 1988/2003), 98쪽.

21) 사루야 가나메, 남혜림 옮김, 『검증, 미국사 500년의 이야기』(행담출판,
2007), 185쪽.

22) 마거릿 헤퍼넌(Margaret Heffernon), 김성훈 옮김, 『경쟁의 배신: 경쟁은
누구도 승자로 만들지 않는다』(알에이치코리아, 2014), 164쪽.

23) 리처드 스텐걸(Richard Stengel), 임정근 옮김, 『아부의 기술: 전략적인 찬
사, 아부에 대한 모든 것』(참솔, 2000/2006), 278쪽.

24) 정도언,『프로이트의 의자: 숨겨진 나와 마주하는 정신분석 이야기』(인플루엔셜, 2009), 129쪽.

25) 샘 혼(Sam Horn), 이상원 옮김, 『적을 만들지 않는 대화법』(갈매나무, 1996/2008), 74쪽.

26) 샘 혼(Sam Horn), 이상원 옮김, 『적을 만들지 않는 대화법』(갈매나무, 1996/2008), 196쪽.

27) 샘 혼(Sam Horn), 이상원 옮김, 『적을 만들지 않는 대화법』(갈매나무, 1996/2008), 47쪽.

28) EBS 3분영어 제작팀,『생각하는 영어사전 ing 2』(인물과사상사, 2010), 155쪽.

29) 샘 혼(Sam Horn), 이상원 옮김, 『적을 만들지 않는 대화법』(갈매나무, 1996/2008), 149쪽.

30) 오도엽,『속시원한 글쓰기』(한겨레출판, 2012), 42쪽.

31) 도정일 외,『글쓰기의 최소원칙』(경희대학교 출판문화원, 2008), 57쪽.

32) 샘 혼(Sam Horn), 이상원 옮김, 『적을 만들지 않는 대화법』(갈매나무, 1996/2008), 212쪽.

33) 샘 혼(Sam Horn), 이상원 옮김, 『적을 만들지 않는 대화법』(갈매나무, 1996/2008), 210쪽.

34) 임귀열,「임귀열 영어」,『한국일보』, 2011년 2월 23일.

35) 버트런드 러셀(Bertrand Russell), 송은경 옮김,『인간과 그밖의 것들』(오늘의책, 1975/2005), 239쪽.

36) 김환표,「허브 켈러허: "직원들을 고객처럼 대우하라」,『월간 인물과 사상』, 2018년 9월, 94쪽.

37) 알랭 드 보통(Alain de Botton), 정영목 옮김,『불안』(은행나무, 2004/2011), 208쪽.

38) 정도언,『프로이트의 의자: 숨겨진 나와 마주하는 정신분석 이야기』(인플루엔셜, 2009), 53쪽.

39) 베르트랑 베르줄리(Bertrand Vergely), 성귀수 옮김,『행복 생각』(개마고원,

2002/2007), 88쪽.

6장

1) 데버러 로드(Deborah L. Rhode), 윤재원 옮김, 『대학의 위선』(알마, 2006/2015), 20쪽.

2) Ronald Steel, 『Walter Lippmann and the American Century』(Boston, Mass.: Little, Brown, 1980), p. 58.

3) Daniel J. Boorstin, 『The Image: A Guide to Pseudo-Events in America』(New York: Atheneum, 1961/1964), p. 74.

4) 윌 듀란트(Will Durant), 이철민 옮김, 『철학 이야기』(청년사, 1926/1987), 156쪽.

5) Max Cryer, 『Common Phrases』(New York: Skyhorse, 2010), p. 95.

6) Daniel J. Boorstin, 『The Image: A Guide to Pseudo-Events in America』(New York: Atheneum, 1961/1964), p. 61.

7) Todd Gitlin, 『The Whole World Is Watching: Mass Media in the Making and Unmaking of the New Left』(Berkeley: University of California Press, 1980), p.148.

8) 베르트랑 베르줄리(Bertrand Vergely), 성귀수 옮김, 『행복 생각』(개마고원, 2002/2007), 175쪽.

9) 김난도 외, 「Tell Me, Celeb: 스타에게 길을 묻다」, 『트렌드 코리아 2011』(미래의창, 2010), 311~326쪽.

10) 조중현·이서정·이나리, 「왜 한국은 셀카 공화국이 되었나: 세계 각국의 셀카 문화」, 강준만 외, 『우리가 몰랐던 세계문화』(인물과사상사, 2013), 184~197쪽.

11) 박정현, 「"셀카 화면발 최고" 옵티머스G 놀라운 스펙」, 『조선일보』, 2013년 2월 18일.

12) 프랑수아 드 라로슈푸코(François de La Rochefoucauld), 강주헌 옮김, 『인간의 본성에 대한 풍자 511: 라로슈푸코의 잠언과 성찰』(나무생각, 2003),

161쪽.

13) 리처드 스텐걸(Richard Stengel), 임정근 옮김, 『아부의 기술: 전략적인 찬사, 아부에 대한 모든 것』(참솔, 2000/2006), 254쪽.

14) 에릭 호퍼(Eric Hoffer), 이민아 옮김, 『맹신자들: 대중운동의 본질에 관한 125가지 단상』(궁리, 1951/2011), 194~195쪽.

15) 쇼펜하우어, 이동진 옮김, 『사랑은 없다: 쇼펜하우어 인생론 에세이』(해누리, 2004), 94~95쪽.

16) 엠리스 웨스타콧(Emrys Westacott), 노윤기 옮김, 『단순한 삶의 철학』(책세상, 2016/2017), 25쪽.

17) 샤를 와그너(Charles Wagner), 문신원 옮김, 『단순한 삶』(판미동, 1895/2016), 147~148쪽.

18) 엠리스 웨스타콧(Emrys Westacott), 노윤기 옮김, 『단순한 삶의 철학』(책세상, 2016/2017), 255쪽.

19) James S. Spiegel, Hypocrisy: Moral Fraud and Other Vices(Grand Rapids, MI: Baker Books, 1999), p.105.

20) 버나드 맨더빌(Bernard Mandeville), 최윤재 옮김, 『꿀벌의 우화: 개인의 악덕, 사회의 이익』문예출판사, 1714/2011), 43쪽.

21) Jeremy Lott, "In Defense of Hypocrisy: Picking Sides in the War on Virtue"(New York: Nelson Current, 2006), pp. 87~88.

22) Reinhold Niebuhr, 『Moral Man and Immoral Society: A Study in Ethics and Politics』(New York: Charles Scribner's Sons, 1932, 1960), p.117.

23) 대럴 레이(Darrel W. Ray), 김승욱 옮김, 『침대위의 신: 종교는 어떻게 인간의 성을 왜곡하는가』(어마마마, 2012/2013), 29쪽.

24) 로버트 커즈번(Robert Kurzban), 한은경 옮김, 『왜 모든 사람은 '나만 빼고' 위선자인가: 거짓말 심리학』(을유문화사, 2010/2012), 309쪽.

25) 문유석, 「아무리 사실이라 믿어도 함부로 말해선 안 된다」, 『조선일보』, 2014년 6월 27일.

26) 레오짱, 『스티브 잡스 마법의 명언 120』(지니넷, 2011), 6쪽.

27) 월터 아이작슨(Walter Isaacson), 안진환 옮김, 『스티브 잡스(Steve Jobs)』 (민음사, 2011), p.185; Evan Morris, 『From Altoids to Zima: The Surprising Stories Behind 125 Brand Names』(New York: Fireside Book, 2004), pp.105~106; Charles Earle Funk, 『Thereby Hangs a Tale: Stories of Curious Word Origins』(New York: Quill, 2002), p. 180.

28) 너새니얼 브랜든(Nathaniel Branden), 김세진 옮김, 『자존감의 여섯 기둥: 어떻게 나를 사랑할 것인가』(교양인, 1994/2015), 476쪽.

29) 너새니얼 브랜든(Nathaniel Branden), 김세진 옮김, 『자존감의 여섯 기둥: 어떻게 나를 사랑할 것인가』(교양인, 1994/2015), 35쪽.

30) 웨인 다이어(Wayne W. Dyer), 박상은 옮김, 『오래된 나를 떠나라: 옛 습관과의 이별』(21세기북스, 2009/2009), 56~57쪽.

31) 일레인 아론(Elaine N. Aron), 고빛샘 옮김, 『사랑받을 권리: 상처입은 나를 치유하는 심리학 프레임』(웅진지식하우스, 2010/2010), 5, 15~16쪽.

32) R.Z. Sheppard, 「The Pursuit of Happiness」, 『Time』, January 8, 1979, pp. 76~77.

33) 줄리 노럼(Julie K. Norem), 임소연 옮김, 『걱정 많은 사람들이 잘되는 이유』(한국경제신문, 2001/2015), 201쪽.

34) 셰리 터클(Sherry Turkle), 이은주 옮김, 『외로워지는 사람들: 테크놀로지가 인간관계를 조정한다』(청림출판, 2010/2012), 93쪽.

35) 배르벨 바르데츠키(Bärbel Wardezki), 박규호 옮김, 『너에게 닿기를 소망한다: 따귀 맞은 영혼들을 위한 관계의 심리학』(21세기북스, 2009/2010), 106쪽.

36) 문학수, 「[책과 삶] 몹쓸 질병? 건강한 삶 선사하는 '특별한 나'」, 『경향신문』, 2017년 8월 26일.

37) 토드 부크홀츠(Todd G. Buchholz), 장석훈 옮김, 『러쉬!: 우리는 왜 도전과 경쟁을 즐기는가』(청림출판, 2011/2012), 302쪽; 진 트웬지(Jean M. Twenge)·키스 캠벨(W. Keith Campbell), 이남석 편역, 『나는 왜 나를 사랑하는가』(옥당, 2009/2010), 166~167쪽.

38) 돈 탭스콧(Don Tapscott), 이진원 옮김, 『디지털 네이티브: 역사상 가장 똑똑한 세대가 움직이는 새로운 세상』(비즈니스북스, 2008/2009), 30~31쪽.

39) 돈 탭스콧(Don Tapscott), 이진원 옮김, 『디지털 네이티브: 역사상 가장 똑똑한 세대가 움직이는 새로운 세상』(비즈니스북스, 2008/2009), 171~173쪽.

40) 김난도 외, 『트렌드 코리아 2011』(미래의창, 2010), 120쪽.

7장

1) 폴 블룸(Paul Bloom), 문희경 옮김, 『우리는 왜 빠져드는가?: 인간행동의 숨겨진 비밀을 추적하는 쾌락의 심리학』(살림, 2010/2011), 132쪽.

2) Ronald Steel, 『Walter Lippmann and the American Century』(Boston, Mass.: Little, Brown, 1980), p.265.

3) 에리히 프롬(Erich Fromm), 황문수 옮김, 『사랑의 기술』(문예출판사, 1956/1997), 145~146쪽.

4) 울리히 벡(Ulrich Beck) & 엘리자베트 벡-게른샤임(Elizabeth Beck-Gernsheim), 강수영·권기돈·배은경 옮김, 『사랑은 지독한 그러나 너무나 정상적인 혼란』(새물결, 1990/1999), 300~303쪽.

5) 쎄라 강 편역, 『카페에서 읽는 명시』(북카라반, 2017), 40쪽.

6) 에리히 프롬(Erich Fromm), 황문수 옮김, 『사랑의 기술』(문예출판사, 1956/1997), 50쪽.

7) 에리히 프롬(Erich Fromm), 황문수 옮김, 『사랑의 기술』(문예출판사, 1956/1997), 149쪽.

8) 롤프 하우블(Rolf Haubl), 이미옥 옮김, 『시기심: '나'는 시기하지 않는다』(에코리브르, 2001/2002), 37쪽.

9) 롤프 하우블(Rolf Haubl), 이미옥 옮김, 『시기심: '나'는 시기하지 않는다』(에코리브르, 2001/2002), 37쪽.

10) 스티븐 컨, 임재서 옮김, 『사랑의 문화사: 빅토리아 시대부터 현대까지』(말

글빛냄, 2006), 468~469쪽.

11) Joseph A. DeVito, 『The Interpersonal Communication Book』 3rd ed. (New York: Harper & Row, 1983), p.399.

12) 임귀열, 「임귀열 영어」, 『한국일보』, 2013년 4월 17일.

13) 대럴 레이(Darrel W. Ray), 김승욱 옮김, 『침대 위의 신: 종교는 어떻게 인간의 성을 왜곡하는가』(어마마마, 2012/2013), 371쪽.

14) 일자 샌드(Ilse Sand), 김유미 옮김, 『서툰 감정』(다산3.0, 2016/2017), 132쪽.

15) 임귀열, 「임귀열 영어」, 『한국일보』, 2013년 4월 17일.

16) 김영민, 『사랑, 그 환상의 물매』(마음산책, 2004), 34쪽.

17) 한규석, 『사회심리학의 이해』(학지사, 1995), 278~279쪽.

18) 한규석, 『사회심리학의 이해』(학지사, 1995), 279쪽.

19) 임두빈, 「브라질 남자 못말리는 질투심」, 『경향신문』, 2004년 9월 3일, 12면.

20) 도종환 외, 『시처럼 아름다운 수필』(북카라반, 2016), 43쪽.

21) Thomas L. Friedman, 『The Lexus and the Olive Tree』(New York: Anchor Books, 2000), p.11.

22) 레오짱, 『스티브 잡스 마법의 명언 120』(지니넷, 2011), 68쪽.

23) 리처드 칼슨(Richard Carlson), 이창식 옮김, 『행복에 목숨 걸지 마라: 지금 당장 버리면 행복해지는 사소한 것들』(한국경제신문, 2002/2010), 216쪽.

24) 나토리 호겐, 전경아 옮김, 『포기하는 연습』(세종서적, 2017/2017), 105~106쪽.

25) 파트릭 르무안(Patrick Lemoine), 이세진 옮김, 『유혹의 심리학: 인간은 어떻게 서로에게 매혹되는가』(북폴리오, 2004/2005), 30쪽.

26) 정도언, 『프로이트의 의자: 숨겨진 나와 마주하는 정신분석 이야기』(인플루엔셜, 2016), 199~200쪽.

8장

1) 대럴 레이(Darrel W. Ray), 김승욱 옮김, 『침대위의 신: 종교는 어떻게 인간

의 성을 왜곡하는가』(어마마마, 2012/2013), 44쪽.

2) 슈테판 클라인(Stefan Klein), 김영옥 옮김, 『행복의 공식: 인생을 변화시키는 긍정의 심리학』(웅진지식하우스, 2002/2006), 242쪽.

3) 마이클 캐플런(Michael Kaplan)·엘런 캐플런(Ellen Kaplan), 이지선 옮김, 『뇌의 거짓말: 무엇이 우리의 판단을 조작하는가?』(이상, 2009/2010), 364쪽; 리처드 윌킨슨(Richard G. Wilkinson)·케이트 피킷(Kate Pickett), 전재웅 옮김, 『평등이 답이다: 왜 평등한 사회는 늘 바람직한가?』(이후, 2010/2012), 257쪽.

4) 헬렌 피셔(Helen E. Fisher), 정명진 옮김, 『제1의 성』(생각의나무, 1999/2000), 85쪽.

5) 대럴 레이(Darrel W. Ray), 김승욱 옮김, 『침대위의 신: 종교는 어떻게 인간의 성을 왜곡하는가』(어마마마, 2012/2013), 44, 53쪽; 문학수, 「[책과 삶] 종교는 섹스를 억압하는 것… 종교를 떠나 마음껏 즐겨라」, 『경향신문』, 2013년 11월 2일.

6) 마광수, 『행복 철학: 아무도 가르쳐주지 않았던 행복론』(책읽는귀족, 2014), 222쪽.

7) Swinging(sexual practice), Wikipedia; 윤가현, 「정확한 용어는 '스윙잉'…전문·관리직 종사자 많아」, 『주간동아』, 2005년 4월 5일, 37면

8) 임귀열, 「임귀열 영어」, 『한국일보』, 2009년 7월 8일자.

9) 김병수, 『이상한 나라의 심리학: 힘겨운 세상에 도움이 되는 심리 테라피』(인물과사상사, 2019), 61~62쪽.

10) 칩 히스(Chip Heath)·댄 히스(Dan Heath), 안진환 옮김, 『스위치: 손쉽게 극적인 변화를 이끌어내는 행동설계의 힘』(웅진지식하우스, 2010), 75~77쪽.

11) John M. Gottman & Nan Silver, 『The Seven Principles for making Marriage Work』(New York: Three Rivers Press, 1999), p.4.

12) John M. Gottman & Nan Silver, 『The Seven Principles for making Marriage Work』(New York: Three Rivers Press, 1999), p.131.

13) 마광수, 『마광쉬즘: 마광수 아포리즘』(인물과사상사, 2006), 11쪽.

14) 안 뱅상 뷔포(Anne Vincent-Buffault), 『눈물의 역사: 18~19세기』(동문선, 1986/2000), 236쪽.

15) 허버트 알철(J. Herbert Altschull), 양승목 옮김, 『현대언론사상사: 밀턴에서 맥루한까지』(나남, 1990/1993), 429쪽.

16) 베르트랑 베르줄리(Bertrand Vergely), 성귀수 옮김, 『행복 생각』(개마고원, 2002/2007), 251쪽.

17) 재레드 다이아몬드(Jared Diamond), 김진준 옮김, 『총, 균, 쇠: 무기·병균·금속은 인류의 운명을 어떻게 바꿨는가』(문학사상사, 1997/1998), 234~235쪽.

18) 백지혜, 『스위트 홈의 기원』(살림, 2005), 6~7, 57쪽.

19) 이명원, 「가족 파시즘」, 『마음이 소금밭인데 오랜만에 도서관에 갔다』(새움, 2004), 90~92쪽.

20) Ellen Galinsky, 『Current Biography』, 64:10(October 2003), p.37.

21) 이미도, 「내가 커피숍을 사랑하는 사연」, 『경향신문』, 2013년 8월 22일.

22) 윌 듀란트, 이철민 옮김, 『철학 이야기』(청년사, 1987), 203쪽.

23) John Stewart ed., 『Bridges Not Walls: A Book about Interpersonal Communication』(New York: McGraw-Hill, 1995), p.235.

24) 이신영, 「'함께 일해요' 펴낸 '화성에서 온 남자, 금성에서 온 여자' 저자 존 그레이」, 『조선일보』, 2013년 10월 26일.

25) 앤디 자이슬러(Andi Zeisler), 안진이 옮김, 『페미니즘을 팝니다』(세종서적, 2017/2018), 310~324쪽.

26) 헬렌 피셔(Helen E. Fisher), 정명진 옮김, 『제1의 성』(생각의나무, 1999/2000), 15쪽.

27) John Stewart ed., 『Bridges Not Walls: A Book about Interpersonal Communication』(New York: McGraw-Hill, 1995), p. 231.

28) John Stewart ed., 『Bridges Not Walls: A Book about Interpersonal Communication』(New York: McGraw-Hill, 1995), p.374.

29) 파트릭 르무안(Patrick Lemoine), 이세진 옮김, 『유혹의 심리학: 인간은 어떻게 서로에게 매혹되는가』(북폴리오, 2004/2005), 28쪽.

30) 제임스 보그(James Borg), 정향 옮김, 『마음의 힘: 생각의 습관을 바꾸는 마인드 파워 트레이닝』(한스미디어, 2010/2011), 291쪽.

31) 정혜신, 『사람 VS 사람: 정혜신의 심리평전 II』(개마고원, 2005), 229쪽.

32) 빅토리아 페프(Victoria Pepe) 외, 박다솜 옮김, 『나는 스스로를 페미니스트라 부른다』(열린책들, 2015/2015), 105쪽.

33) 헬렌 피셔(Helen E. Fisher), 정명진 옮김, 『제1의 성』(생각의나무, 1999/2000), 55, 93쪽.

34) 빅토리아 페프(Victoria Pepe) 외, 박다솜 옮김, 『나는 스스로를 페미니스트라 부른다』(열린책들, 2015/2015), 152쪽.

35) Todd Gitlin, 『The Twilight of Common Dreams: Why America Is Wracked by Culture Wars』(New York: Metropolitan Books, 1995), p. 151.

36) 조지 카치아피카스(George Katsiaficas), 이재원·이종태 옮김, 『신좌파의 상상력: 세계적 차원에서 본 1968』(이후, 1999).

37) 린다 번햄(Linda Burnham)·미리암 루이(Mirian Louie), 「마르크스주의 여성해방론: 불가능한 결혼」, 하이디 하트만(Heidi Hartmann) 외, 김혜경·김애령 옮김, 『여성해방이론의 쟁점: 사회주의 여성해방론과 마르크스주의 여성해방론』(태암, 1989), 121~295쪽.

38) 거다 러너(Gerda Lerner), 강정하 옮김, 『왜 여성사인가』(푸른역사, 1997/2006), 82쪽.

39) 정희진, 「gender.or.kr」, 『한겨레』, 2017년 1월 21일.

40) 조혜정, 『한국의 여성과 남성』(문학과지성사, 1988), 79쪽.

9장

1) 레지너 브릿(Regina Brett), 문수민 옮김, 『인생의 끝에서 다시 만난 것들』(비즈니스북스, 2012/2013), 6쪽.

2) 임귀열, 「임귀열 영어」, 『한국일보』, 2010년 6월 23일자.

3) Daniel J. Boorstin, 『The Discoverers: A History of Man's Search to Know His World and Himself』(New York: Random House, 1983), p. 1; 임귀열, 「임귀열 영어」, 『한국일보』, 2010년 6월 23일자.

4) 박성민, 「[박성민의 정치 인사이드]집권 세력의 내부 권력 투쟁 '올 것이 오고 있다'」, 『경향신문』, 2018년 8월 4일.

5) 전우영, 『내 마음도 몰라주는 당신, 이유는 내 행동에 있다』(21세기북스, 2012), 171쪽.

6) Edward Hallett Carr, 『What Is History?』(New York: Vintage Books, 1961), p. 69.

7) Lawrence W. Levine, 『Unpredictable Past: Explorations in American Cultural History』(New York: Oxford University Press, 1993), p.4.

8) 곽병찬, 「'대형'의 꿈, 기억을 지배하라」, 『한겨레』, 2008년 9월 17일.

9) 김기봉, 『역사들이 속삭인다: 팩션 열풍과 스토리텔링의 역사』(프로네시스, 2009), 213쪽

10) 나토리 호겐, 전경아 옮김, 『포기하는 연습』(세종서적, 2017/2017), 236쪽.

11) 강준만, 「왜 헤어져야 할 커플이 계속 관계를 유지하는가?: 매몰비용」, 『감정 독재: 세상을 꿰뚫는 50가지 이론』(인물과사상사, 2013), 95~100쪽 참고.

12) 임귀열, 「임귀열 영어」, 『한국일보』, 2010년 11월 24일; 임귀열, 「임귀열 영어」, 『한국일보』, 2011년 3월 23일.

13) 임귀열, 「임귀열 영어」, 『한국일보』, 2010년 11월 24일.

14) 정희진, 「몸에 새겨진 계엄령, 나이」, 월간 『인권』, 제17호(2005년 1월), 12~15쪽.

15) 김훈, 『밥벌이의 지겨움』(생각의나무 2003), 39쪽.

16) 임귀열, 「임귀열 영어」, 『한국일보』, 2014년 3월 6일.

17) 엘리자베스 던(Elizabeth Dunn) & 마이클 노튼(Michael Norton), 방영호 옮김, 『당신이 지갑을 열기 전에 알아야 할 것들』(알키, 2013), 40쪽.

18) Buyer's remorse, Wikipedia.

19) 제레미 홀든(Jeremy D. Holden), 이경식 옮김, 『팬덤의 경제학: 역자가 강자를 이기는 새로운 게임의 법칙』(책읽는수요일, 2012/2013), 133쪽.

20) 샘 혼(Sam Horn), 이상원 옮김, 『적을 만들지 않는 대화법』(갈매나무, 1996/2008), 270쪽.

21) 리처드 L. 브랜트(Richard L. Brandt), 안진환 옮김, 『원클릭』(자음과모음, 2011/2012), 79~80쪽.

22) 올리버 버크먼(Oliver Burkeman), 김민주·송희령 옮김, 『행복중독자: 사람들은 왜 돈, 성공, 관계에 목숨을 거는가』(생각연구소, 2011/2012), 231~232쪽.

23) 「[사설] "죽겠다는 사람, 어떻게 막아" 인식 바꾸자」, 『중앙일보』, 2014년 4월 2일.

24) 임귀열, 「임귀열 영어」, 『한국일보』, 2011년 3월 2일.

25) Daniel J. Boorstin, 『The Discoverers: A History of Man's Search to Know His World and Himself』(New York: Random House, 1983), p. 293.

26) 임귀열, 「임귀열 영어」, 『한국일보』, 2010년 1월 20일자.

27) 임귀열, 「임귀열 영어」, 『한국일보』, 2012년 9월 12일.

28) Barbara L. Fredrickson, 『Positivity』(New York: Three Rivers Press, 2009), p.224.

10장

1) 에른스트 페터 피셔(Ernst Peter Fischer), 박규호 옮김, 『슈뢰딩거의 고양이: 과학의 아포리즘이 세계를 바꾸다』(들녘, 2006/2009), 349~350쪽.

2) 아마티아 센(Amartya Sen), 박우희 옮김, 『자유로서의 발전』(세종연구원, 1999/2001), 163쪽.

3) 장훈, 「장하성 실장, 마지막 폴리페서가 돼야」, 『중앙일보』, 2018년 9월 7일.

4) 앨빈 토플러(Alvin Toffler)·하이디 토플러(Heidi Toffler), 김중웅 옮김, 『부의 미래』(청림출판, 2006), 169~172쪽.

5) 엘렌 랭어(Ellen J. Langer), 김한 옮김, 『마음챙김 학습의 힘』(동인, 1997/2011), 166쪽.

6) 임귀열, 「임귀열 영어」, 『한국일보』, 2011년 11월 2일.

7) 톰 피터스(Tom Peters), 노부호 외 옮김, 『해방경영』(한국경제신문사, 1992/1994), 59쪽.

8) 노르베르트 볼츠(Norbert Bolz), 유현주 옮김, 『보이지 않는 것의 경제』(문학동네, 1999/2008), 90, 265쪽.

9) 로버트 커즈번(Robert Kurzban), 한은경 옮김, 『왜 모든 사람은 '나만 빼고' 위선자인가: 거짓말 심리학』(을유문화사, 2010/2012), 91쪽.

10) 톰 니콜스(Tom Nichols), 정혜윤 옮김, 『전문가와 강적들: 나도 너만큼 알아』(오르마, 2017/2017), 126쪽.

11) 김관욱, 『굿바이 니코틴홀릭』(북카라반, 2010), 74쪽.

12) 임귀열, 「임귀열 영어」, 『한국일보』, 2011년 11월 2일.

13) 임귀열, 「임귀열 영어」, 『한국일보』, 2012년 10월 17일.

14) Brooks Jackson & Kathleen Hall Jamieson, un·Spun: Finding Facts in a World of Disinformation(New York: Random House, 2007), p. 78.

15) 엘렌 랭어(Ellen J. Langer), 변용란 옮김, 『마음의 시계: 시간을 거꾸로 돌리는 매혹적인 생리실험』(사이언스북스, 2009/2011), 44~45쪽.

16) 톰 니콜스(Tom Nichols), 정혜윤 옮김, 『전문가와 강적들: 나도 너만큼 알아』(오르마, 2017/2017), 130~131쪽.

17) 김경, 『김훈은 김훈이고 싸이는 싸이다: 이 시대 가장 매혹적인 단독자들과의 인터뷰』(생각의나무, 2005), 23쪽.

18) 슬라보예 지젝(Slavoj Zizek), 이현우·김희진·정일권 옮김, 『폭력이란 무엇인가: 폭력에 대한 6가지 삐딱한 성찰』(난장이, 2008/2011), 129~130쪽.

19) 김병수, 『이상한 나라의 심리학: 힘겨운 세상에 도움이 되는 심리 테라피』(인물과사상사, 2019), 136쪽.

20) 버트런드 러셀, 송은경 옮김, 『인간과 그밖의 것들』(오늘의책, 2005), 177쪽.

21) Ronald Steel, 『Walter Lippmann and the American Century』(Boston,

Mass.: Little, Brown, 1980), p. xiii.

22) 한영익, 「가짜 뉴스는 마약이다」, 『중앙일보』, 2017년 2월 14일.

23) 한영익, 「가짜 뉴스는 마약이다」, 『중앙일보』, 2017년 2월 14일.

24) 조지프 히스(Joseph Heath) & 앤드류 포터(Andrew Potter), 윤미경 옮김, 『혁명을 팝니다』(마티, 2006).

25) 로버트 치알디니(Robert Cialdini) 외, 윤미나 옮김, 『설득의 심리학 2』(21세기북스, 2007/2008), 112~113쪽.

26) 조지프 히스(Joseph Heath), 김승진 옮김, 『계몽주의 2.0: 감정의 정치를 어떻게 바꿀 것인가』(이마, 2014/2017), 271쪽.

27) 로버트 치알디니(Robert Cialdini) 외, 윤미나 옮김, 『설득의 심리학 2』(21세기북스, 2007/2008), 105~106쪽.

28) 이남석, 『편향: 나도 모르게 빠지는 생각의 함정』(옥당, 2013), 334쪽.

29) 도정일 외, 『글쓰기의 최소원칙』(경희대학교 출판문화원, 2008), 50~51쪽.

30) 이인열, 「일관성 실종 重病 앓는 한국」, 『조선일보』, 2016년 3월 24일.

찾아보기

그 순간 그 문장이 떠올랐다

그 순간 그 문장이 떠올랐다